Dra. Matilde Gómez

Mujeres sin reglas

Guía completa para vivir saludablemente la menopausia

zenith

Nota: Este libro debe interpretarse como un volumen de referencia. La información que contiene está pensada para ayudarte a tomar decisiones adecuadas respecto a tu salud y bienestar. Ahora bien, si sospechas que tienes algún problema médico o de otra índole, la autora y la editorial te recomiendan que consultes a un profesional.

Zenith es un sello editorial de Editorial Planeta, S.A.

Avda. Diagonal, 662-664, 08034 Barcelona (España)
www.zenitheditorial.com
www.planetadelibros.com

Primera edición: abril de 2024
Depósito legal: B. 5.030-2024
ISBN: 978-84-08-28450-5

Printed in Spain – Impreso en España

PEFC Certificado
Este libro procede de bosques gestionados de forma sostenible
PEFC
PEFC/14-38-00305
www.pefc.es

A Guillermo,
mi compañero de risas en el camino de la vida,
por mantenerse paciente ante
mis caprichosos vaivenes hormonales.

A Patri y Guille,
cuyo amor me ha permitido trascender
el rol de madre, por manifestar su entusiasmo
y apoyo en cada nuevo proyecto que emprendo.

A Nieves, Matula, Inma, Marisol, Mónica,
Leonor, Eliana, Virginia y Luci,
porque la menopausia con amigas
siempre será mejor.

A Teté,
siempre estarás en nuestro corazón, amiga.

Sumario

Introducción

¿Cómo explicar la menopausia?

La edad no la marchita,
ni la costumbre agota su infinita variedad.

Antonio y Cleopatra, **Shakespeare**

Esta pregunta, aparentemente simple, me rondaba cada día cuando concluía las consultas con mujeres mayores de cuarenta años. A la mayoría de ellas les sorprendía que les proporcionara un diagnóstico tan evidente para los síntomas que me relataban, tales como modificaciones en el ciclo menstrual o en el tipo de sangrado, falta de motivación, cansancio, transformaciones en el cuerpo, calor repentino... Tras hacerles las pruebas pertinentes, les daba una explicación a sus problemas, para mí lógica: «Estás acercándote a la menopausia», «Estás en plena transición a la menopausia», «Ya eres menopáusica», etc., porque siempre había dado por hecho que tener la menopausia se asumía de una manera natural y era razonable atribuir todos esos cambios a nuestra propia evolución. No entendía la confusión de muchas mujeres ante mis palabras: «¿Cómo? ¿Por qué a mí? ¡Si aún soy muy joven!».

Entonces, comprendí que algo que yo consideraba razonable y asumible, según mi propia experiencia, no lo era para la mayoría de las pacientes a las que atendía. ¿Dónde estaba el fallo?, ¿era mi percepción o era la idea general? Mis abuelas eran fuertes, se levantaban temprano, hacían las tareas de casa y del campo y aún tenían tiempo y ganas para preparar las tradicionales comidas familiares, en las que nos juntábamos más de veinte personas entre adultos y niños (un beso, abuelas). Pero no solo ellas eran así, sino todas las mujeres del pueblo. Otra cosa que observé en la aldea de donde eran mis padres es que había más mujeres mayores que hombres y que era raro ver un viudo. Además, curiosamente, la mayoría de las mujeres iban siempre vestidas de negro, dado que por convención social había que guardar luto durante dos años por cada familiar cercano que fallecía, así que esas pobres mujeres encadenaban un duelo tras otro. Pensándolo bien, no recuerdo a mis abuelas vestidas de colores, ni siquiera el día de mi boda, pero tampoco con un abanico ni quejándose de sudores, quizá porque esa época ya la habían dejado atrás antes de ser yo consciente o porque no manifestaban sus síntomas por no considerarse adecuado. Esa era entonces mi idea de ser mayor. Ya ves que el pensamiento científico empieza por la simple observación, aunque la manera de obtener los resultados y las conclusiones varía según nuestro sesgo de confirmación, es decir, que tendemos a ver lo que queremos ver, como cuando estás embarazada y solo ves embarazadas por la calle. Y todo eso me hacía considerar fuertes a las mujeres mayores (¡ojo, que vengo del matriarcado gallego!).

Más adelante, durante mi adolescencia, me tocó vivir la menopausia de mi madre, a la que veía como una mujer con mal carácter que siempre discutía y se enfadaba por todo; aunque, desde mi perspectiva actual, teniendo seis criaturas con las hormonas revolucionadas, poco se enfadaba la pobre (otro beso para ti, mamá). No obstante, ella ya no encadenaba lutos y vestía bien, así que mi idea sobre la menopausia cambió: consistía en tener el ceño fruncido más tiempo, aunque seguía percibiéndolo como algo asumible. Mi madre no hablaba de sofocos, pero mencionaba lo bien que le sentaba bañarse en el mar, una actividad que practicaba en la playa de Riazor, en A Coruña, cada día (¡incluso en invierno!), lo que me parecía increíble, teniendo en cuenta que es un mar abierto y que hace un frío que cala los huesos. Pues allí se iba tan fresca cada mañana, y no era la única: aquel era el punto de reunión de otras señoras (ventajas de vivir en una ciudad con playa). Ahora entiendo esa necesidad de sumergirse en el mar para calmar la inquietud interior que surge por los sofocos o la niebla mental que nos envuelve por las preocupaciones en este punto vital. Entonces, creía que no era más que una locura de señora mayor...

Mi juventud transcurrió en los ochenta, así que fui testigo del auge de las supermodelos («No me levanto de la cama por menos de diez mil dólares diarios», cuentan que decía Linda Evangelista) y del desarrollo de los medios de comunicación, en los que aparecían mujeres mayores (o eso me parecían entonces), como Claudia Cardinale, Ornella Muti, Concha Velasco y, cómo no, Jane Fonda. Eran mujeres muy atractivas e interesantes, por lo que ya no parecía tan malo envejecer. A esto se sumó el *footing* (ahora *running*) y el fomento del ejercicio cardiovascular femenino (¿quién no recuerda a Jane Fonda en mallas enseñándonos a mover el cuerpo?). Así, las mujeres empezamos a percibir el ser mayor como otra cosa, afortunadamente, aunque en realidad cuando eres joven sientes ese estadio como algo muy muy lejano.

Durante mi etapa de residente de Ginecología, la menopausia no se explicaba, salvo que hubiese una enfermedad asociada, pues se entendía como una etapa fisiológica en la vida de cualquier mujer. Tuve la suerte de vivir la época dorada de la terapia hormonal, con la que muchas pacientes se sentían genial. En aquel momento, el uso de estrógenos en forma de comprimidos, geles, cremas o parches era algo natural para los médicos, y sobre todo para las mujeres.

Sin embargo, cuando llegó el año 2002, siendo adjunta, viví el *boom* del informe Women's Health Initiative (WHI, por sus siglas en inglés, 'Iniciativa para la Salud de la Mujer'), que supuso un terremoto en el mundo del tratamiento hormonal en la menopausia. Ese informe cambió la percepción que las mujeres (y en general toda la sociedad) tenían de la terapia hormonal y llevó a los médicos a dejar de prescribirla por miedo a los efectos secundarios. Así, en la actualidad, muchas mujeres entre los cuarenta y cinco y los cincuenta y cinco años en plenas facultades, aunque ven su actividad diaria alterada a causa de sus síntomas, se niegan a seguir un tratamiento hormonal por miedo, sin considerar los efectos negativos de padecer sofocos e insomnio, como tener más riesgo de infarto o de fractura ósea.

Por otro lado, el que durante estos más de veinte años desde la publicación del informe no se haya formado a los nuevos médicos en terapia hormonal ha derivado en un manejo deficiente de síntomas y en la prescripción de productos naturales, muchos de ellos sin suficientes pruebas científicas ni demostración de ser mejores que un placebo (sustancia sin efecto demostrado). Sin embargo, como en teoría estos no tienen efectos secundarios, se recetaban diciendo eso de «prueba a ver qué tal te va con esto». Tras la conmoción inicial, al revisar esos resultados, se han comprobado las consecuencias negativas para millones de mujeres que perdieron la oportunidad de tratarse con hormonas cuando era factible.

No obstante, hoy nos enfrentamos a esta etapa mejor preparadas que nuestras madres y abuelas, ya que en la era de la comunicación tenemos a nuestro alcance muchas opciones para buscar información, como las redes sociales (decidir si los datos que nos proporcionan son válidos o no ya es otro cantar), y hablamos con naturalidad de la menopausia, lo que contribuye a desmitificarla y a buscarle el lado positivo. Cada vez somos más las mujeres que nos encontramos en esta fase y pretendemos vivirla de otra manera. Nos negamos a ser invisibles, nos negamos a que se nos aparte de la sociedad y a que se nos considere seres asexuales y sin opinión crítica. Y no solo eso, también pretendemos ser un interlocutor social válido en nuestro entorno, pues tenemos mucho que aportar y deseamos hacerlo.

Aquí no vas a encontrar un libro de autoayuda al uso, sino de información sobre esta fase para que conozcas los síntomas, aprendas a reconocerlos y sepas gestionarlos de manera fácil y autónoma. Pretendo desmitificar la menopausia y quiero que te sientas orgullosa de haber llegado hasta aquí, que entiendas que esta es una etapa más de tu vida, ni mejor ni peor, solo distinta. Estoy convencida de que, si conoces la menopausia y la reconoces, no la verás como una amenaza, sino como una maravillosa oportunidad para dejar atrás mitos y supersticiones.

Todo esto te lo dice una ginecóloga menopáusica que lleva años tratando a mujeres que tienen poca información sobre el tema y mucho miedo. Mi pretensión es que uses este libro a modo de guía y que leas los capítulos en función de tus síntomas.

O, mejor aún, incluso aunque no tengas síntomas, pues **está escrito para que entiendas tu cuerpo y por qué te pasan las cosas.** Si aún no eres menopáusica, pero quieres saber a qué te vas a enfrentar, ¡enhorabuena por tu iniciativa! Espero que te ayude a prepararte para sobrellevar esta etapa de la mejor manera posible. Recuerda que cada menopausia es única y que cómo la vivas depende de tu genética, de tus hábitos, de tu alimentación y de tu entorno biopsicosocial.

No la interpretes como una pérdida, tal como nos han hecho creer, sino como una etapa natural de adaptación, superación y mejora. Recurriendo a una analogía contemporánea, podría decirse que se te está actualizando el *software* y que durante ese proceso vas a experimentar cambios. La actitud con la que te enfrentes a ella será de gran ayuda.

Empecemos, pues, a entender la menopausia.

1

¿Qué es la menopausia?

La menopausia es el fuego que nos forja como mujeres,
liberándonos de las cadenas de la fertilidad
y permitiéndonos renacer como seres completos y auténticos.

Germaine Greer

Las palabras tienen poder y cómo las usamos también. Si crees que la palabra **menopausia** es algo malo e incluso consideras un insulto que te identifiquen con ella, queda mucho trabajo por hacer, pero con este libro vas a empezar a cambiar el concepto que tienes de ella.

Empecemos por su etimología. Menopausia deriva de los vocablos griegos *men* ('mes') y *pausis* ('cese'), pero no se empieza a usar con su significado actual hasta el siglo XIX. Con este término, se definía el último periodo de regla de la mujer, que indicaba oficialmente su fin reproductivo (aunque en realidad esto ocurre unos años antes).

Recientemente, se ha añadido otro periodo, el de transición a la menopausia, que abarca los años previos a esta etapa, de duración variable, y se caracteriza por irregularidades o cambios en los ciclos menstruales, que pueden ser más o menos abundantes y fallar algún mes, con el consabido susto. Si esos fallos son de unos siete días, se trata de la fase de transición temprana, mientras que, si son de más de dos meses (baches amenorreicos o meses sin regla), se trata de la fase de transición tardía, que suele durar entre un año y tres y se caracteriza por la aparición de síntomas vasomotores (los temidos sofocos). Cuando ese bache amenorreico dura más de un año, es plena menopausia.

A partir de entonces, se pasa a la posmenopausia, la cual tiene a su vez dos fases, la fase temprana, los cinco primeros años, y la fase tardía, durante la cual la sequedad vaginal o la osteoporosis son los síntomas más llamativos.

Quizá hayas oído otra palabra: *climaterio* ('escalera'), un término menos preciso que abarca el fin de la época reproductiva, la fase de transición, la menopausia y la posmenopausia. Suele usarse *climaterio* y *menopausia* de manera indistinta, por lo que no te compliques.

La menopausia suele darse alrededor de los cincuenta y un años de media, aunque podría aparecer entre los cuarenta y cinco y los cincuenta y cinco, que es cuando se considera normal. Si ocurre antes de los cuarenta, se trata de una insuficiencia ovárica primaria, que, apunta esto, debe tratarse siempre, pues supone un riesgo para la salud.
Si ocurre entre los cuarenta y los cuarenta y cinco, es una menopausia temprana. Por el contrario, si la menopausia acontece después de los cincuenta y cinco, es una menopausia tardía. Fácil, ¿no?

Si tienes más de cuarenta años, puede que ya hayas empezado a notar que tu cuerpo no está igual, que la periodicidad de tus ciclos menstruales varía y que tienes más síntomas premenstruales (dolor de cabeza, molestias en las mamas, cambios marcados de humor...). En la siguiente fase, notarás una producción de estrógenos menor o irregular y quizá tengas sofocos, insomnio (porque los sofocos nocturnos impiden dormir bien), falta de libido (porque estás más cansada), sequedad vaginal, cambios en la forma del cuerpo..., vamos, pura fantasía.

¿Por qué ocurre la menopausia?

A estas alturas, todas sabemos que la menopausia acontece cuando nuestros ovarios dejan de funcionar. Ahora bien, que alguien nos explique por qué estas glándulas productoras de hormonas dejan de funcionar si las demás, aunque más lentas, lo siguen haciendo (tiroides, suprarrenal e hipófisis). No parece justo, ¿no? Quizá nuestro cuerpo actúe así para protegernos de nosotras mismas, al evitar que nos embaracemos cuando las posibilidades de cuidar a nuestras crías se ven empeoradas. Claro que la naturaleza, cuando diseñó los ovarios, no se imaginaba que íbamos a inventar los tratamientos de fertilidad.

El proceso biológico

Las mujeres empezamos a desarrollar los folículos ováricos (unos saquitos de líquido que están en el ovario y que contienen al ovocito, es decir, el gameto femenino) en el útero materno, cuando somos unos embrioncillos de nada, y tenemos alrededor de unos seis millones a las veinte semanas intraútero. A partir de ahí, vamos en caída libre, porque en el momento de nacer perdemos cinco millones, así que nos quedamos con un millón (vamos, que parece que el capital no lo administramos muy bien). A los siete años, en nuestra más tierna infancia que dirían los cursis, contamos solo con trescientos mil ovocitos. Una vez que tiene lugar la menarquia (nuestra primera menstruación), cada mes no solo perdemos el folículo que ovula, sino muchos más. Después de unos treinta años y 360 ovulaciones, ya solo nos quedan unos cientos de folículos, insuficientes para proporcionarnos la dosis de estrógenos que necesitamos. Es entonces cuando, al fin, llegamos a la menopausia.

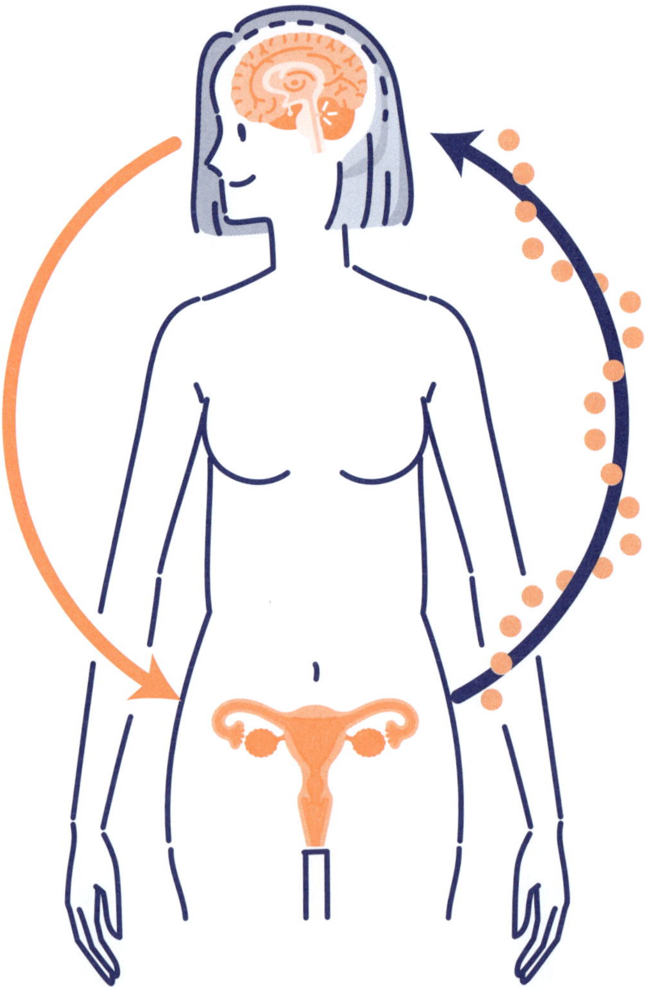

Conexión entre el cerebro y los ovarios.

En nuestra etapa fértil tenemos unas reglas cíclicas que nos indican cada mes que no estamos embarazadas. ¿Y cómo ocurre esto? Pues por una coordinación exquisita entre distintas glándulas, hormonas y órganos de nuestro cuerpo configurando nuestro ciclo menstrual. Este se inicia, muy resumidamente, en el cerebro, en la glándula hipófisis, donde se secreta una hormona, la FSH (hormona que estimula los folículos). Esta hormona viaja por la sangre hasta el ovario y le da la orden de que crezcan los folículos que están en su interior para que alcancen un tamaño que les permita ovular. Estos mismos folículos, a su vez, van produciendo hormonas (sí, los estrógenos entre otras) que van de nuevo a la sangre y llegan de nuevo a la hipófisis en el cerebro estimulando que se produzca LH (hormona luteinizante). Esta hormona, la que nos hace ovular, hace que el folículo se rompa para dejar pasar el ovocito al abdomen y que pueda ser captado por la trompa, la cual lo llevará hasta la cavidad uterina, esperando encontrarse en ese trayecto un espermatozoide adecuado.

Tras ovular, en el ovario se produce progesterona, una hormona que se encarga de preparar a la capa interna del útero para recibir a ese óvulo fecundado. Si esto no ocurre a los 15 días, más o menos, de la ovulación, la progesterona decae y se suelta el endometrio. Es en ese momento cuando menstruamos y damos por iniciado un nuevo ciclo. Si estos folículos no crecen o bien porque no hay bastantes que respondan a la FSH o bien porque son pocos o porque su calidad no es buena, nuestro cerebro seguirá produciendo más cantidad de FSH para estimular a esos ovocitos que están en el ovario, por lo que necesitaremos más dosis de FSH para lograr una ovulación. Por ello la subida de FSH nos indica que nos acercamos a la menopausia, pero, en realidad, no dependemos de ella sino de otra hormona menos conocida, la inhibina B, que se encarga de dar aviso al cerebro de que no necesitamos más FSH. Si esa inhibina B disminuye, el cerebro seguirá produciendo FSH, pues nadie le dice que debe parar. Por eso, si damos hormonas en la menopausia, la FSH no varía y no vale para valorar la eficacia del tratamiento y ajustar la dosis de estrógenos.

Durante la transición a la menopausia, se detectan unos niveles de FSH superiores a 20 mUI/ml (lo normal está entre 3 y 9 mUI/ml) y los ciclos menstruales son regulares porque todavía está en un rango normal (entre 2 y 10 mUI/ml) la hormona luteinizante (LH, por sus siglas en inglés). Esto indica que puede haber alguna ovulación, de ahí la importancia de mantener métodos anticonceptivos hasta la menopausia, pues el embarazo será más difícil, pero no imposible.

Hasta aquí la definición biológica de por qué ocurre la menopausia (espero no haberte enredado mucho), aunque no podemos definirla solamente desde el punto de vista biológico, ya que nos quedaríamos muy cortas. Hay que introducir otras variables, como las influencias socioculturales y los factores psicológicos individuales, los cuales nos hacen comprender las diferencias de cómo vive y percibe su menopausia cada mujer, que puede ser de una manera muy parecida o muy diferente a la de las demás.

Un poco de historia

El término *menopausia* es relativamente reciente, pero eso no significa que esta no existiera, solo que no se hablaba de ella. No obstante, se han descubierto referencias indirectas a esta etapa en algunos libros, como en la Biblia, donde el propio Abraham señala el cambio de personalidad de Sara: «Dejó de tener lo propio de las mujeres». Muy observador este Abraham, que sin querer se refería a los cambios de humor de su mujer a causa de la menopausia. En otras publicaciones, se hacen alusiones a los cambios que experimentamos las mujeres, la mayoría de las veces con connotaciones negativas: «Todo está calculado para causar lamento por los encantos perdidos y los gozos que se han acabado para siempre» (Colombat de l'Isère). Vamos, el tal Colombat en pleno siglo XIX hablando de que las mujeres menopáusicas dejamos de tener interés sexual. Y lo peor es que esta idea aún permanece.

Curiosamente, la edad de la menopausia ha sido constante a lo largo de los años y desde antiguo se dice que las menstruaciones cesan entre los cuarenta y cincuenta años. Constatamos así que, aunque la edad de la menarquia se va adelantando en cada generación, la de la menopausia permanece inalterable desde hace siglos, si bien es cierto que antes las mujeres no vivían demasiados años, por lo que muchas ni llegaban a esa etapa, y si lo hacían, las opciones terapéuticas no eran muy apetecibles. Por ejemplo, en la Edad Media, Galeno recomendaba la flebotomía para sacar el veneno retenido de las mujeres menopáusicas. ¡Mira lo que pensaba el bueno de Galeno! ¿Cómo no se va a temer a la menopausia?

Esto, por fortuna, ha cambiado, y las mujeres sobrevivimos a nuestro fin reproductivo afianzándonos en ser algo más que una incubadora de seres humanos. Aun así, en esta fase nos volvemos invisibles, y si nos ven, es porque somos unas brujas reivindicativas. No obstante, hay cosas buenas en la menopausia: te vuelves más selectiva, por lo que ciertos comentarios según de quién vengan te importarán un comino (intentaré no decir tacos).

En la Edad Moderna, los primeros autores que se refirieron a la menopausia veían diferencias de clase: las mujeres ricas se quejaban más de los síntomas que las pobres. ¿Podría ser que el no tener tiempo nada más que para trabajar y criar niños tuviera algo que ver en que esas pobres mujeres no se quejaran? No sé, es solo una idea que se me ha ocurrido...

En el siglo XIX, se detectó una mayor incidencia de fracturas en las mujeres mayores de cincuenta en comparación con hombres de la misma edad y, en los años cuarenta del siglo pasado, se empezó a mencionar la osteoporosis como una enfermedad relacionada con la menopausia. También se describió la llamada «joroba de las viudas», un aplastamiento vertebral que ocurría a un 25 % de las mujeres mayores de sesenta años, lo que hacía que perdieran algunos centímetros de altura.

En 1933, la Medical Women's Federation de Inglaterra hizo un estudio con mil mujeres y se demostró que el 85 % de las menopáusicas tenían síntomas, pero solo resultaban incapacitantes para el 10 %. Esto es algo que todavía se mantiene. A partir de los años setenta, hubo otras muchas investigaciones sobre la menopausia y por fin se estudió el origen de los **sofocos** y su desarrollo. Casi cien años después, este síntoma se considera el más definitorio de la menopausia y es el principal motivo en la búsqueda de tratamientos eficaces sin efectos secundarios.

En 1939, ya empezaron a fabricarse estrógenos sintéticos gracias a que, en 1923, Allen y Doisy habían aislado una hormona, a partir de folículos ováricos de cerda, que inducía la regla en ratas castradas.

Sin embargo, la gran revolución llegó en 1966 con la publicación del libro *Feminine forever*, de Robert A. Wilson, que se convirtió en un superventas. Su autor recomendaba la terapia hormonal a todas las mujeres con el fin de mantenerse jóvenes para siempre, alegando que la menopausia se trataba de «una enfermedad por deficiencia hormonal, curable y totalmente prevenible» para la que bastaba «con tomar estrógenos». Vamos a ver, Wilson, que esa no es la indicación, ni tampoco la menopausia es una enfermedad, pero tenías buena intención.

Para contrarrestar tanta euforia, en los años setenta, Ziel demostró que el estrógeno solo, sin un gestágeno añadido, originaba cáncer de endometrio. No obstante, con añadir un gestágeno al estrógeno se evitaba ese efecto secundario, por lo que volvió el deseo anterior de encontrarnos «femeninas y sanas» para siempre.

¿Es esta la idea que tenemos? ¿Hemos de mantenernos jóvenes para siempre las mujeres? ¿Qué nos lleva a no asumir el paso del tiempo y reconocer sus ventajas, si somos capaces de mantenernos con una capacidad de curiosidad e interés por nuestro entorno? ¿Acaso los varones deben preocuparse por su vejez? ¿Por qué no hay un libro que se titule *Masculine forever*? ¿Ellos pueden hacerse mayores, y nosotras no?

Creo que debemos reivindicar nuestro derecho a envejecer y ya está. Matizo: debemos reivindicar nuestro derecho a envejecer de una manera saludable; esto es, tener una vida más allá de nuestra función de reproducción. No ha de importarnos dejar de ser un objeto de deseo sexual.

Además, si lo extrapolamos a los hombres, fíjate en lo ridículos que se ven al perseguir ese sueño de tener una actividad sexual continua. Recuerda que para ellos existe el término *viejo verde*, nada agradable de oír, mientras que no existe ninguno similar para nosotras.

Si comparamos la menopausia con la adolescencia, ambas son etapas de cambios en los que las hormonas tienen mucho que decir, pero, así como en la adolescencia la percepción es ilusionante, pues nos estamos haciendo mujeres y desvinculándonos de la infancia para pasar a esa etapa de independencia con la que tanto hemos fantaseado, en la menopausia tenemos una visión negativa: como ya soy vieja, no voy a servir para nada y no le voy a importar a nadie. ¿Te imaginas cambiar el chip? Si a nuestras niñas les contásemos que, cuando sean mayores, pasarán a una etapa de superioridad en la que la sociedad las considerará líderes de opinión y asesoras de la tribu, ¿no crees, querida amiga, que quizá envejecerían con otros ánimos?: «Al fin soy menopáusica y se me va a oír y a respetar».

Tu familia tiene que percibir que algo ha cambiado, que eres algo más que cuidadora y jefa de logística (el rol asignado), que tienes aspiraciones, necesidades y deseos, como todos los demás. Ha llegado el momento de ponerte en primer lugar. En el trabajo, no tienes por qué quedarte callada ante los nuevos, ya que cuentas con algo muy importante de lo que ellos carecen: experiencia. No debes tener miedo a dirigir un equipo porque estás sobradamente preparada y lo sabes. Y, lo más importante, tienes que dejar de sentirte invisible en la sociedad, pues nosotras tenemos mucho que decir y aportar y deben escucharnos. Somos muchas y, por fin, estamos motivadas. Mira a tu alrededor. Seguro que ves a más mujeres como tú, solas o con amigas, paseando por la calle, viajando o acudiendo al teatro, cine o restaurantes. En nuestro entorno, un grupo de mujeres maduras da sensación de seguridad y allí donde estemos será un lugar con cinco estrellas en TripAdvisor porque su calidad y buen ambiente están avalados por nosotras, esa camarilla de mujeres que se sientan a la mesa del fondo riendo mientras se ponen las gafas de cerca para leer la carta.

¿Por qué crees lo que crees de la menopausia?

¿Y qué finalidad tiene la menopausia si las demás especies animales carecen de ella porque fallecen tras acabar su etapa reproductiva? La teoría de la abuela se ha puesto muy de moda para explicar en términos de supervivencia biológica por qué esta es necesaria para el ser humano y que función cumple. No está demostrada, pero es una hipótesis cuando menos curiosa. Sostiene que la menopausia supone una ventaja evolutiva para la supervivencia del grupo, al suponer que, si una mujer ya no está en etapa reproductiva y sus crías son mayores, favorecerá el desarrollo de su prole ayudando con las tareas de recolección y colaborando en la crianza de sus nietos. A mí esta teoría no me convence mucho, pues tendría que haber una teoría del abuelo similar.

Si bien es cierto que, en época prehistórica, había tribus o clanes que se protegían mutuamente, el hecho de que haya una mujer mayor y sabia que orienta a las jóvenes, las prepara para el parto y cuida a la puérpera, encargándose de traerle el alimento recolectado, gusta tanto porque envuelve a las mujeres en ese halo de misterio y sororidad. Lo que está claro es que, en la sociedad tribal, una mujer mayor tenía experiencia, así que sabía dónde estaban las mejores plantas, las que alimentan más, las que no hacen daño y las que incluso curan.

Si te soy sincera, prefiero la teoría de la lorza, que he nombrado yo misma, según la cual las mujeres mayores desarrollamos esa lorza en la cintura como protección contra el hambre, pues, al no poder reproducirnos, dejamos de tener interés para la tribu; por tanto, nadie saldrá a cazar para nosotras ni nos protegerá frente a un ataque. Así, aunque esa lorza de grasa evitaría que muriéramos de hambre, como somos seres inteligentes y relacionales sabemos usar nuestro conocimiento para localizar alimentos en beneficio de la tribu, y esta teoría resulta más interesante. ¿A que ahora ya no te preocupa tanto tu cinturita? Las mujeres menopáusicas siempre han sido útiles para mantener la supervivencia del grupo, no solo de sus hijos y nietos.

La verdad es que me encantan las teorías que intentan explicar por qué es necesaria evolutivamente la menopausia y por qué tan pocas especies viven más allá de su etapa reproductiva.

Los cetáceos dentados son los únicos que sobreviven varios años tras la menopausia y ayudan a las crías de sus hijos cuando los machos fallecen, alrededor de los cincuenta años. Por otro lado, los primates sobreviven menos tras la retirada del período fértil y no ayudan precisamente en la crianza. Curiosa la biología, ¿no?

La especie humana necesita mucho esfuerzo para la reproducción. Nuestro ciclo reproductivo consume mucha energía, desde la menstruación, pasando por el embarazo, que es largo en nuestra especie comparado con otras, hasta el parto, en el que la cabeza fetal pasa muy justa por la pelvis y la vagina, y el más mínimo error puede complicarlo y ocasionar riesgos y pérdidas de sangre. Además, nuestros hijos nacen muy inmaduros y tardarán en independizarse, por lo que necesitamos más energía todavía para criarlos, así que toda ayuda de la tribu será bienvenida. Así, tener al lado a alguien con experiencia que haya pasado por lo mismo y ayude siempre se ha considerado de valor. Y las mujeres mayores han aprovechado esa ventaja.

Pregúntate de dónde vienen tus fuentes de información. ¿Has visto a tu madre pasarlo mal en la menopausia?, ¿te hablaban de esa etapa que estaba viviendo? ¿Piensas que en el cine o la televisión no hay papeles buenos para las mujeres de más de cincuenta años y todo es para las jóvenes? Esta última idea, afortunadamente, se está desmoronando, pues cada vez gusta más ver a mujeres maduras en la piel de personajes maravillosos, más allá de Jessica Fletcher en *Se ha escrito un crimen*. Hoy, por ejemplo, tenemos a Susan Sarandon, Meryl Streep o Naomi Watts interpretando papeles de mujeres reales, maduras, que aman, viven y trabajan, que no están en un rincón calcetando o preparando pastelitos. Las mujeres menopáusicas ya no lloran, sino que facturan (un beso, Shakira), porque además somos un grupo de consumidoras importante, dado que nuestra generación de *menoboomers* tiene cierto poder adquisitivo. Además, viajamos, hacemos deporte, mandamos a paseo a la pareja que no está a la altura y somos capaces de decirles que no a nuestros hijos si hay otra cosa que nos apetece más que cuidar nietos.

Debes decidir a qué grupo quieres pertenecer, si quieres apagar las luces del escenario y retirarte a llorar de nostalgia por el tiempo pasado o si prefieres colocarte bajo el foco central y demostrar todo lo que eres capaz de hacer aún. Tú decides.

Insisto en que este no es un libro de autoayuda, pero, en lo referente a esta visión global sobre lo que es una mujer, debemos reconsiderar diferentes aspectos, empezando por algo tan sencillo de entender como que no existen dos menopausias iguales. Adicionalmente, de los más de cuarenta síntomas que puedes notar (no todos a la vez por suerte), también influirá dónde vives, ya sea campo, ciudad, playa o montaña; si tienes amigas o no; si eres independiente económicamente o dependes de la ayuda social o de una pareja; si te encuentras sana o arrastras alguna enfermedad; si tienes padres a los que cuidar; si tus hijos son adolescentes (y ahora con los tratamientos de fertilidad puedes tener incluso bebés) o ya se han independizado; si hay problemas de adicciones en tu entorno; si tienes pareja o no; si te llevas bien con tu pareja o estás en pleno proceso de divorcio; si tienes trabajo o estás en paro; si estás contenta en el trabajo o cuentas los días para jubilarte y salir pitando; si tienes vida más allá del trabajo; si tienes aficiones, como leer o ir al cine, al teatro o a conciertos; si te llevas bien con tus hermanos o estáis con los problemas de herencias; si tienes depresión y no ves la salida... Las combinaciones son muchas y muy distintas.

Por ejemplo, puede que padezcas de sofocos, te lleves genial con tu pareja y tengas un hijo que no da un palo al agua. O quizá tus padres estén sanos, pero hayas discutido con uno de tus hermanos y tengas mal ambiente en el trabajo. O tal vez estés soltera, notes solo que orinas con más frecuencia y tengas un grupo de amigas con las que estás organizando la próxima escapada a la playa. O igual tu médico te ha advertido de que debes bajar de peso porque la diabetes está asomando la patita. Y así podemos seguir con cada caso particular, incluso el tuyo, querida lectora.

Habrás notado que estamos hablando de un nuevo concepto que es el de la calidad de vida.

Las preguntas más frecuentes de mis pacientes

¿A qué edad es normal tener la menopausia?

En España, lo habitual es tener la menopausia entre los cuarenta y cinco y los cincuenta y cinco años. La media es de cincuenta y un años.

Antes de los cuarenta, se trata de una insuficiencia ovárica prematura. Entre los cuarenta y los cuarenta y cinco, es menopausia temprana. Después de los cincuenta y cinco , es una menopausia tardía.

¿Qué es la perimenopausia y como se distingue de la menopausia?

La perimenopausia son los años que preceden a la menopausia. A partir de los cuarenta años, se puede empezar a notar cambios. En esta fase aún hay reglas, aunque quizá sean diferentes. Cuando lleves un año sin regla, se considera que has pasado la menopausia y es a partir de ahí cuando empieza la posmenopausia.

¿Qué síntomas voy a tener?

Quizá no sientas nada o notes cambios en tu cuerpo, sofocos, alteraciones del humor, pérdida del interés por tus actividades diarias y por el sexo o sequedad cutánea, vaginal u ocular… Algunos de estos síntomas pueden darse en la fase de transición a la menopausia, cuando aún tienes periodos, pero estos no son como siempre.

2

Fuego en el cuerpo: los sofocos o síntomas vasomotores

Ella se sentía como si una hoguera ardiera en su interior.
Una hoguera que no podía apagar, que la consumía sin piedad,
que le robaba el sueño y la hacía sudar a borbotones.

Isabel Allende

Este título de película de los ochenta me viene genial para hablarte de uno de los síntomas más reconocibles de la menopausia: los sofocos. Aunque sean tan característicos de esta época de nuestra vida, no solemos hablar de ellos porque supone decir al mundo que nos acercamos a la hasta ahora temida menopausia o que estamos ya en ella. Y, claro, menopausia es sinónimo de vejez. ¡Y líbrenos el Señor de reconocer ante nuestras amigas que nos hacemos mayores!

Este síntoma tan popular afecta a más del 80 % de las mujeres en menopausia o en el periodo de transición, cuando aún hay reglas, pero estas ya son distintas y más irregulares, dando el aviso de que algo está cambiando en el cuerpo: tenlo en cuenta. Sin embargo, afortunadamente solo un 30 % de ellas tendrán sofocos de tal intensidad que les impedirán hacer una vida normal. ¿Es tu caso o temes ser una de ellas cuando te acerques a ese periodo de tu vida?

Pero ¿sabes identificar los sofocos?, ¿podrías distinguirlos de un golpe de calor o de la ansiedad? Pues no siempre es fácil. Si tengo que definir los sofocos, diré que son esa sensación repentina e inesperada de calor intenso (como una oleada) que empieza en el pecho y rápidamente asciende por el cuello y la cara, aunque puede extenderse por los brazos y el resto del cuerpo. La sensación dura de media entre dos y cuatro minutos y se acompaña de sudoración abundante, escalofríos, palpitaciones y, en ocasiones, ansiedad. Su frecuencia varía: algunas veces son ocasionales en una semana y otras se producen uno o dos cada hora. Muchas veces, los sofocos se presentan como sudores nocturnos que nos hacen quitar el edredón, sacar un pie fuera de las mantas o empujar a nuestra pareja lejos de nuestro cuerpo; en este caso, pueden producir trastornos del sueño, al provocar varios despertares durante la noche. Si alguna vez te has desvelado con una sensación de ahogo, has notado palpitaciones y estás en edad crítica, hay más posibilidades de que se trate de sofocos que de un ataque de ansiedad. Además, dormir poco y mal hará que al día siguiente estés ansiosa e irritable, por lo que no habrá quien te aguante. Las cefaleas también pueden ser otra consecuencia de los sofocos.

Muchas mujeres me comentan sus síntomas en consulta sin saber que me están describiendo sofocos o sin asociarlos a la menopausia: algunas me dicen que simplemente se ponen coloradas; otras, que notan sudores intensos que llegan a empaparlas y mojarles el pelo; y muchas más que se despiertan por la noche una vez o varias y, en ocasiones, sienten escalofríos posteriores. Yo pertenezco a este último grupo.

Te voy a explicar ahora de una manera sencilla y rápida a qué se deben los sofocos. A mis pacientes suelo decirles que es como si se nos rompiera el termostato que regula la temperatura del cuerpo. Supongo que querrás saber por qué se estropea el termostato. Voy a intentar explicarlo de una manera simple. En nuestro cerebro, existe un centro termorregulador localizado en el hipotálamo (una parte importante situada más o menos en el centro). En condiciones normales, el termostato se enciende cuando la temperatura externa cambia por encima del umbral que mencionábamos antes (0,4 °C), lo que activará el sistema de enfriamiento del cuerpo. Para compensar, se produce una vasodilatación, es decir, los vasos sanguíneos se ensanchan para que la sangre circule más rápido y en más cantidad cerca de la piel con el fin de que perdamos calor (por eso nos ponemos más rojas y notamos la cara caliente), y aumenta la sudoración para que nuestro cuerpo se enfríe más rápido. Cuando esto acontece de manera fisiológica, no hay problema, pero cuando ese termostato se activa sin causa aparente, nos hace pasar un mal rato. No es lo mismo ponerse colorada y sudorosa después de hacer ejercicio que hacerlo de repente sentada hablando con alguien, ¿no crees?

Y, como estos cambios dependen de que se dilaten o cierren los vasos sanguíneos, a los sofocos se los llama «síntomas vasomotores». La buena noticia es que, con el tiempo, ese termostato acaba regulándose espontáneamente y **los sofocos desaparecerán entre un año y cuatro después**, aunque a algunas les tocará seguir padeciéndolos hasta veinte años después, ¿te imaginas?

Uno de los elementos desencadenantes de la menopausia es el descenso del nivel de estrógenos, los cuales parecen regular en el cerebro la temperatura corporal y activan ese termostato, aunque la temperatura externa no varíe mucho. Entonces, si mis niveles de estrógenos están muy bajos, ¿tendré más sofocos? Pues no necesariamente. Incluso se ha visto que tienen más relación con la variación del nivel de estrógenos a lo largo del tiempo que con la cantidad total. Es decir, **los niveles totales de estrógenos en la sangre no tienen relación con la cantidad de sofocos que tengas.** También sabemos que las mujeres a las que se les extirpan los ovarios (menopausia quirúrgica) tienen más síntomas porque la caída de estrógenos es más brusca y sus posibilidades de adaptarse son menores. Todo esto explica también que las niñas prepúberes no sufran sofocos a pesar de que sus estrógenos están bajos. Interesante, ¿verdad?

Pero ¿por qué a ti te pasa y a tu amiga no? Pues, aparte de la caída del nivel de estrógenos, hay otros factores que te vuelven propensa a ellos. Te vas a cansar de oírme (o leerme) decir que, si tienes sobrepeso, tu nivel socioeconómico es bajo, eres sedentaria o fumas, tendrás más posibilidades de padecerlos; además, si las mujeres de tu familia también los han sufrido, no te libras. El origen también influye, ya que se ha comprobado que ser de color es un factor de riesgo, mientras que, si eres asiática, tendrás menos probabilidades. Tu nivel de receptores hormonales previo y lo sensibles que sean a las variaciones del estrógeno en tu cuerpo también determinará la intensidad y la frecuencia de los sofocos.

No obstante, que los sofocos no sean algo grave no significa que no precisen atención y tratamiento, sobre todo cuando afectan a algo tan valioso y a veces tan difícil de cuantificar como la calidad de vida. Un grupo de médicos españoles diseñó la escala Cervantes con el objetivo de medir cómo influyen en la mujer los síntomas de la menopausia. Consta de 31 preguntas sobre aspectos como los síntomas vasomotores, la salud y el envejecimiento, así como sobre la sexualidad y la relación con la pareja y los cambios psicológicos que se aprecian. La puntuación mínima es de 0 puntos (mejor calidad de vida) y la máxima, de 155 (peor calidad de vida). Es un buen indicador de la calidad de vida y se usa para valorar la necesidad de tratamiento. En caso de necesitarlo, a los tres meses se repite la escala y se comprueba si ha sido eficaz. Está disponible en una aplicación (Mi Menopausia) y es muy fácil de usar, por lo que te animo a que te la descargues. Te pedirá tus datos (edad, peso, altura, lugar de residencia, nivel estudios y etnia) y querrá saber si tienes pareja o no, si tienes relaciones o si consumes alcohol o tabaco. Después, te preguntará por distintos síntomas, que puntuarás de 0 a 5. Al acabar, te proporcionará un valor de referencia y el nivel de afectación de la menopausia en tu calidad de vida. Puedes repetirlo al cabo de un tiempo para ver si has mejorado o empeorado tu puntuación, ya sea de manera espontánea o tras seguir una determinada terapia.

Tratamiento de los sofocos

Una vez reconocidos los síntomas, para un correcto tratamiento y enfoque, lo básico es mantener un estilo de vida saludable, si no lo estás haciendo ya. Normalmente, la mayoría de las mujeres conviven con sus sofocos vistiéndose por capas con tejidos frescos (claro que no es lo mismo ser menopáusica en Canarias que en Huesca), manteniéndose hidratadas y llevando un abanico para momentos puntuales. Quizá notes que el alcohol desencadena más sofocos, así que intenta reducir su consumo, sobre todo por la noche. Las comidas picantes, el café y el té son alimentos que has de evitar, así como el estrés, pero que me digan cómo hacerlo llevando el tipo de vida que llevamos; como no nos manden de vacaciones pagadas a Maldivas, no se me ocurre nada. Perder peso también puede ayudarte, pero no se puede afirmar científicamente si lo hace por sí mismo o si se debe al ejercicio y las variaciones en la dieta.

Asimismo, si tienes síntomas leves, pueden ayudarte productos de venta libre en farmacias con derivados de la soja (isoflavonas) y otras sustancias que se ofertan como naturales y sin efectos secundarios: los fitoterápicos. De estos productos hay pocas pruebas científicas, pero los más eficaces son aquellos con cimicífuga racemosa, que modula los receptores de los neurotransmisores (serotonina, dopamina o ácido gamma-aminobutírico —GABA, por sus siglas en inglés—, etc.), por lo que no actúa en tejidos hormonodependientes. Por su parte, el extracto citoplasmático de polen actúa inhibiendo la recaptación de serotonina y no tiene efecto estrogénico, por lo que se puede dar a pacientes tras el tratamiento de cáncer de mama. Muchos de ellos llevan suplementos de serotonina, triptófano, melatonina, vitaminas del grupo B, etc., con los que cada marca intenta diferenciarse de las demás. Sin embargo, los derivados de la soja usados en el tratamiento de los sofocos pueden alterar la absorción de los tratamientos para el tiroides, y los derivados del trébol rojo pueden aumentar el riesgo de sangrado. Es decir, **natural no significa inocuo**. Insisto en que hay pocas pruebas científicas de su validez y siempre he sido muy escéptica con este tipo de tratamientos, pues solo solucionan los sofocos más leves, que hubieran desaparecido por sí solos, pero no contraindico su uso y, si a ti te funcionan, fenomenal. Eso sí, ten en cuenta que, en el tratamiento de los síntomas vasomotores, no se recomiendan el *dong quai*, el aceite de onagra, el *ginseng*, la *kava*, las hierbas medicinales chinas ni el ñame silvestre.

Por otra parte, muchas veces me encuentro con mujeres con unos sofocos incapacitantes: les impiden dormir y se encuentran cansadas todo el día, por lo que han probado todos los remedios y marcas de compuestos naturales, aunque nada les funciona y, aun así, se niegan a usar los tratamientos con estrógenos disponibles por considerarlos peligrosos al llevar hormonas. La verdad que es una pena que los médicos no sepamos transmitir la confianza y la seguridad necesarias a la hora de recomendar un producto tan eficaz. Es curioso que a otros tratamientos, como el viagra o la toxina botulínica, no se les exija tanta seguridad respecto a sus efectos secundarios. Te animo a que leas los prospectos de ambas medicaciones. Ya me dirás por qué esos productos se recomiendan tan alegremente y, en cambio, a la terapia hormonal se le tiene miedo.

Siguiendo con el tema, una vez que me he desahogado, debes saber que hoy en día los tratamientos más eficaces para reducir los sofocos son los estrógenos, es decir, la terapia hormonal. Se pueden aplicar con gestágenos o sin ellos, dependiendo de si tienes útero. ¿Y eso por qué? Porque, si tienes útero y te damos solo estrógenos, estos estimularán la capa interna (el endometrio) y producirán sangrados, además de una hiperestimulación de este, que puede derivar en hiperplasias y favorecer el desarrollo del cáncer de endometrio. Por eso, a las mujeres con útero menopáusicas (es decir, la mayoría) les damos estrógenos asociados a gestágenos para evitar ese efecto secundario. También disponemos de estas hormonas bioidénticas (estrógeno y gestágenos) en un comprimido único de uso diario que ha sido aprobado por la Agencia Europea del Medicamento. No lo confundas con la terapia hormonal bioidéntica a base de *pellets* o con preparaciones magistrales cuya composición no está clara.

Otros tratamientos para los sofocos

El miedo a la terapia hormonal ha hecho que se investiguen diferentes opciones, con menor o mayor éxito. Muchos tratamientos se han desarrollado para tratar los sofocos en pacientes que han pasado un cáncer de mama, pues el uso de tamoxifeno aumenta la duración y la intensidad de estos, y las terapias hormonales están contraindicadas en este caso. Hay que tener en cuenta que la mayoría de ellos no indican en la ficha técnica que traten los síntomas vasomotores durante la menopausia.

La clonidina es un antihipertensivo que ha demostrado mejorar la frecuencia e intensidad de los sofocos y se valora como opción para mujeres con cáncer de mama y sofocos moderados. Sin embargo, sus efectos secundarios, como sequedad de boca, aumento de la somnolencia, cefaleas y estreñimiento, pueden hacer que se deje de usar. Ha sido la alternativa al tratamiento hormonal desde la publicación del famoso estudio WHI en el que se desaconsejaba la terapia hormonal.

Los antidepresivos paroxetina, venlafaxina, fluoxetina (el famoso Prozac) y duloxetina han demostrado reducir los sofocos, pero tienen efectos secundarios, como sequedad de boca, náuseas, somnolencia y disminución de la libido. Son medicamentos con prescripción y, si no hay otros síntomas, no suelo aconsejarlos como primera opción.

La progesterona micronizada a dosis más altas que en la terapia hormonal de reemplazo ha demostrado ser capaz de reducir los sofocos, aunque también tiene efectos secundarios, como dolores de cabeza, cambios de humor, náuseas y somnolencia (¡oh, sorpresa!).

La gabapentina es un medicamento usado en el tratamiento el dolor crónico y de la epilepsia y ha demostrado mejoría de los sofocos en dosis altas para mujeres que han pasado un cáncer de mama. Los efectos secundarios pueden ser mareos, náuseas, fatiga y somnolencia.

Está pendiente de salir una nueva medicación que inhibe los receptores de la neuroquinina 3, una molécula implicada en el inicio de los sofocos que apenas tiene efectos secundarios: el fezolinetant. Asimismo, como no es una hormona, podría darse a mujeres con sofocos tras seguir un tratamiento contra el cáncer de mama, que actualmente tienen muy reducidas sus opciones.

Respecto a los tratamientos naturales, mi consejo es que no te cases con nadie, es decir, pruébalos al menos durante tres meses y, si te encuentras mejor, adelante; en caso contrario o si notas efectos secundarios, déjalos.

Las terapias alternativas, como el yoga, la acupuntura o la homeopatía, no han demostrado ser más eficaces que el placebo o los casos de control, pero insisto en que, si a ti te funcionan, pues ¡genial!, porque no te harán daño y te ayudarán a mejorar tu estilo de vida.

El ejercicio en esta época también desempeña una función muy importante en el control de los sofocos, por lo que otro tanto que se anota para una menopausia saludable.

La respiración controlada en el momento de los sofocos ayuda a sobrellevarlos y siempre es buena para rebajar el nivel de ansiedad. Si entiendes lo que te pasa y aprendes a gestionarlo, conseguirás reducir el estrés que generan los sofocos.

Obsérvate. Puede que notes que ciertos alimentos o situaciones hacen que tengas más sofocos. Procura evitarlos para valorar si te encuentras mejor.

Seguimos con la premisa de que el conocimiento es poder: si entiendes lo que te pasa, aprenderás a gestionarlo mejor.

Para recordar

- Los sofocos son los síntomas más característicos de la menopausia.
- Pueden aparecer antes de la menopausia.
- Son oleadas de calor que van de abajo arriba y producen coloración de la cara, sudores, palpitaciones y, a veces, ansiedad.
- Se deben a la caída del nivel de estrógenos.
- Desaparecerán con el tiempo.
- La mayoría de las veces son leves.
- Los nocturnos alteran el patrón del sueño.
- Los fitoterápicos y otros productos naturales, así como un estilo de vida saludable con una dieta equilibrada y ejercicio, ayudan con los sofocos leves.
- Si son graves, existen diferentes tratamientos. Hoy en día, la terapia con estrógenos es la más eficaz y está aprobada por la Asociación Española para el Estudio de la Menopausia, en la dosis más baja durante el menor tiempo posible.
- No es necesario tratarlos si no afectan a la calidad de vida.

Las preguntas más frecuentes de mis pacientes

¿Cuánto tiempo me van a durar los sofocos?

Puede que unos meses, pero lo normal es entre dos y ocho años. En menor medida, hay mujeres que notan los sofocos toda su vida.

¿Por qué los siento?

Porque en la menopausia el acontecimiento más llamativo es la caída del nivel de estrógenos, que se producen mayormente en el ovario. Nuestro cuerpo está lleno de receptores para esos estrógenos con el fin de funcionar bien, por lo que, cuando disminuyen, nos falta el motor que impulsa muchas funciones de nuestro organismo.

¿Cómo los alivio?

Empieza por usar abanico, vestirte por capas, mantenerte hidratada y evitar el alcohol y las comidas picantes. Puedes probar con los fitoestrógenos y, si no te ayudan mucho, sigue una terapia hormonal de reemplazo tras valorarlo con tu médico.

3

Ríos de sangre: ¿sangrar así es normal o debo preocuparme?

La sangre menstrual es la vida que se va y,
al mismo tiempo, la renovación de la vida.
La menstruación no es solo la eliminación de la sangre
y de la célula ovárica no fertilizada.
También es la eliminación de las emociones antiguas,
los recuerdos, los recelos, los celos y las penas.
Si se bloquea el flujo menstrual,
se bloquea el flujo de energía y de vida.
Si se bloquea la eliminación de la sangre menstrual,
se bloquea la eliminación de lo viejo.
El útero se llena de coágulos y de desechos,
y la mente se llena de dolor y de pensamientos negativos.

Mujeres que corren con lobos, **Clarissa Pinkola**

Pero ¿qué haces, Mati, hablando de la regla durante la menopausia si se supone que ya no la tenemos? Pues te va a sorprender lo que tengo que contarte.

Primero, quiero recordarte que, antes de llegar la menopausia, se pasa por una fase de transición, sin límites claros, pero es normal que se inicie después de los cuarenta años. Si estás en esa etapa, tal vez notes que la regla cada vez tarda más en venirte o, por el contrario, que tus ciclos se acortan sin apenas darte un respiro. Ambas opciones son posibles y entran en lo fisiológico, siempre que no alteren tu calidad de vida. Si tu regla se adelanta o atrasa, pero tiene una duración normal y no supone mayor trastorno para ti que tener que llevar la bolsita de la copa o la compresa en el bolso siempre por si acaso, entonces no hay problema. Sin embargo, si la regla te supone un suplicio porque sangras más de lo habitual, tienes miedo a empapar la silla de la oficina o la cama por la noche y, encima, dejas de hacer planes cuando la tienes, eso no es normal y hay que mirarlo, amiga mía.

Esta percepción del sangrado durante la menstruación es muy peculiar, pues he notado que, cuando pregunto en la consulta a mis pacientes si tienen una regla normal, la mayoría de ellas me dicen de entrada que sí. Sin embargo, si al hacer una ecografía en el cuarto de exploración veo un mioma tocando la cavidad, un pólipo o un endometrio engrosado y digo «¿Estás segura de que sangras poca cantidad?», entonces la respuesta cambia a «Es que siempre he sangrado siete días», «Es que siempre he tenido coágulos», etc. ¿Qué ha pasado desde la historia clínica hasta la exploración? Pues que, si no se tienen referencias o no se habla sobre este tema, parecerá normal sangrar mucho y no se pensará que haya otros patrones de sangrado. Por eso, insisto en que no es normal que la sangre traspase la ropa, ni que se desprendan coágulos, ni que la regla dure más de una semana. Y, sobre todo, no es normal si altera tu estilo de vida.

Vamos a averiguar a qué se deben estos ríos de sangre, sobre todo en esta fase vital, pero, antes de nada, debo recordarte que nuestros ovocitos vienen con fecha de caducidad, dado que nacemos con un número limitado y en cada ciclo no solo perdemos el que se ovula, sino todos aquellos que lo han acompañado en esa carrera, pues también estos gastan su potencial. Los ovocitos no solo se alteran en número con los años, sino que también envejecen y, por ende, no garantizan unos ciclos menstruales regulares. Una ovulación correcta indica una producción adecuada de hormonas y unos sangrados regulares. Según nos acercamos a la menopausia, los ciclos se vuelven anovulatorios, es decir, no se suelta el ovocito, por lo que no se mandará la señal al ovario para que produzca la progesterona correctamente en la segunda fase, y eso despista al útero, que recibe señales desordenadas y no sabe cómo actuar, por lo que descama nuestro endometrio causando reglas irregulares o más abundantes.

Este mecanismo es muy complejo, pero puedo resumirlo diciendo que, al decaer el número efectivo de ovocitos en el ovario, la hipófisis se ve forzada a segregar más hormona FSH (la que estimula el folículo del ovario) para impulsar al resto de ovocitos a empezar a funcionar. Así, la subida de la hormona FSH anuncia que los ovarios no están ovulando correctamente. La progesterona, que debe producirla cada mes el cuerpo lúteo en el ovario tras la ovulación, al no haberse producido esta última correctamente, estará en valores más bajos de lo normal. Por otro lado, los folículos estimulados por la FSH secretan estrógenos en cantidad superior a la esperada, así que son los culpables de esas molestias premenstruales tan típicas como el dolor de mamas o de cabeza y los sangrados irregulares y abundantes. Ya ves que los síntomas en la fase de transición a la menopausia podrían confundirse con el síndrome premenstrual.

No obstante, los sangrados no siempre son por trastornos funcionales, a veces también por enfermedades orgánicas, más frecuentes en esa época, que nos producirán sangrados anormales, entendiendo estos como aquellos distintos a los que estabas acostumbrada en volumen, duración, regularidad y frecuencia.

Sangrados irregulares causados por enfermedades orgánicas

Con «orgánicas» me refiero a algo que se ve, como, por ejemplo, un mioma, un quiste o un pólipo. Casi el 70 % de las mujeres en perimenopausia y posmenopausia acuden a la consulta por sangrados irregulares. Si este es tu caso, debes consultar con tu médico, ya que el principal objetivo es descartar una enfermedad, como el cáncer o la hiperplasia de endometrio, y después averiguar por qué se ha producido para dar solución con tratamientos que te ayuden a sobrellevar mejor esta fase de transición.

Cuando una mujer acude a la consulta refiriendo un sangrado anormal, lo primero que hacemos es una historia clínica, es decir, preguntamos si ha habido sangrados de este tipo durante la vida fértil o si hay problemas familiares de coagulación. También si toma productos de herboristería (si, hija, sí, que no son tan inocuos y algunos aumentan el sangrado, como el *ginseng* o el *ginkgo*). O si usa o ha usado anticonceptivos hormonales, antinflamatorios o anticoagulantes, pues son medicaciones que pueden afectar a la coagulación y cambiar el patrón de sangrado menstrual.

Es importante que aprendas a definir tus patrones de sangrado, porque a veces no se les presta atención y se cree que son irregulares, cuando no es así, sino que a lo mejor duran más días. Por ejemplo, pocas mujeres tienen la regla exactamente cada 28 días. Si tu ciclo dura entre 25 y 35 días, se considera normal. Ahora bien, si un mes te viene a los 25 días y otro a los 45, evidentemente se trata de un patrón irregular de manchado.

En la exploración, observamos si existen causas de sangrado, como pólipos cervicales o lesiones pélvicas, y valoramos el tamaño y la forma del útero. La ecografía será una prueba muy concluyente, pues nos permitirá comprobar si hay miomas, pólipos, quistes en el ovario o un endometrio irregular (ya ves lo que llamamos «causas orgánicas»). Si vemos el endometrio (la capa interna del útero) liso, como una fina línea, descartamos las hiperplasia y tumores de endometrio; así podemos valorar si el sangrado es de la vulva, la vagina o el cuello del útero. Cuando no podemos ver claramente el útero o el endometrio, recurrimos a otras pruebas más complejas, como la tomografía axial computarizada (TAC) o la resonancia magnética nuclear (RMN). Por otra parte, una analítica completa con valoración del hemograma, las hormonas y el perfil de coagulación nos dará pistas sobre cómo repercute ese sangrado en el cuerpo (es decir, si hay anemia o glucosa y colesterol altos), así como si hay alteraciones de otras hormonas, como las tiroideas.

Si durante la exploración hay datos que nos llevan a sospechar que la mujer tiene algo más gordo, recurriremos a tomas de muestras que se pueden hacer en la propia consulta, como la biopsia endometrial. Esta prueba no requiere anestesia y consiste en deslizar una pequeña cánula por el cuello del útero. Es un poco incómoda, pero es tolerable y nos aporta una información valiosa, por lo que merece la pena hacerla si vemos un endometrio diferente al normal.

Una vez obtenido el diagnóstico y descartada la enfermedad, decidiremos el tratamiento adecuado. Este va desde no hacer nada («manejo expectante», que decimos los médicos) hasta intentar reducir los sangrados con antinflamatorios no esteroides (AINES), antifibrinolíticos, tratamientos hormonales (gestágenos, píldora anticonceptiva, análogos de la hormona liberadora de la gonadotropina —GnRH— o DIU hormonal) o incluso tratamientos mayores, como la ablación endometrial (extraer por vía vaginal la capa interna del útero sin necesidad de extirparlo todo) o la embolización (introduciendo un catéter que llega a los vasos uterinos y los cierra para que no siga creciendo). Cuando nada de esto es factible y la calidad de vida de la paciente se ve mermada, se recurre a la histerectomía (extirpación del útero).

Cuando los sangrados irregulares ocurren ya bien entrada la menopausia, es importante consultar con el médico, no dejarlo pasar o pensar que no es importante porque solo haya sido un día. Ese sangrado no es normal y nos alerta de que algo está pasando en la cavidad uterina, cuando debería estar tranquila y en reposo (me refiero a la cavidad endometrial).

En la posmenopausia, la primera sospecha que tenemos los médicos es el cáncer de endometrio. El riesgo oscila entre el 1 y el 14 %, en función de si existen más factores de riesgo, como obesidad, hipertensión arterial (HTA), diabetes o no haber tenido hijos. Por otro lado, recuerda que el cáncer de cuello de útero también puede ocurrir en la menopausia y posmenopausia, por lo que debes llevar al día tus revisiones ginecológicas.

Si te has quedado con ganas de saber más, te explicaré las causas más frecuentes de sangrado irregular en la perimenopausia.

Miomas

Los miomas son tumores benignos que crecen en el espesor de la capa muscular del útero y también se llaman «fibromas» o «leiomiomas». Su causa no está muy clara, aunque puede deberse a factores como el exceso de estrógenos y progesterona; la genética, pues hay más posibilidades de que tengas miomas si tu madre los ha tenido; la edad, ya que suelen aparecer a partir de los treinta años y más frecuentemente de los cuarenta; el sobrepeso, pues se ha demostrado mayor presencia de miomas en mujeres obesas; el consumo de procesados y carnes rojas, y ser de color.

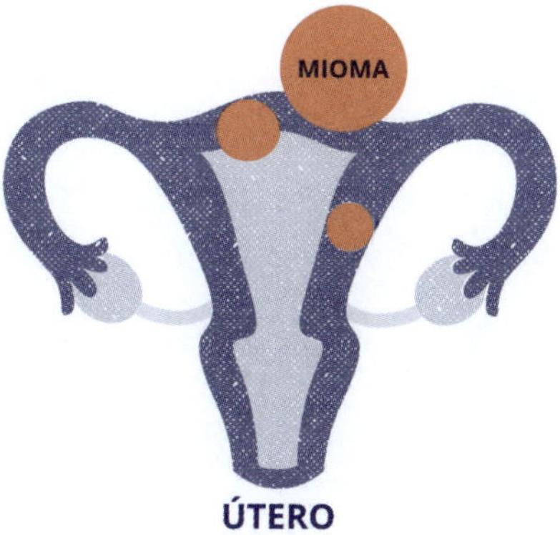

El MIOMA crece en el espesor del miometrio, la capa muscular del útero.

Un mioma puede no causar ningún síntoma y ser un hallazgo casual en una revisión o manifestarse con sangrados muy abundantes. El tamaño aquí no importa mucho, pero sí en qué parte del útero se sitúa, pues uno pequeñito que toque la cavidad endometrial puede provocar muchos más síntomas que otro de seis centímetros en la zona exterior del útero.

El tratamiento dependerá de los síntomas y consistirá en no hacer nada, si es un hallazgo casual y no da problemas, o en tomar medicación o incluso recurrir a técnicas más invasivas, como la histeroscopia, la embolización de arterias uterinas, la radiofrecuencia o la cirugía.

Un dato que tener en cuenta es que **durante la menopausia los miomas dejan de crecer** y de producir hemorragias, por lo que, si has llegado hasta aquí con uno, no es necesario que hagas nada especial. Otro dato importante es que tu mioma no va a desaparecer, aunque quizá no crezca más o incluso disminuya levemente.

Pólipos

Los pólipos endometriales son crecimientos anormales del tejido en la cara interna del útero (endometrio). Sus factores predisponentes son similares a los de los miomas (estrógenos elevados, edad, obesidad o antecedentes familiares), aunque hay otro más característico, pero menos frecuente, como el haber seguido un tratamiento con tamoxifeno, un medicamento que se receta a pacientes con cáncer de mama.

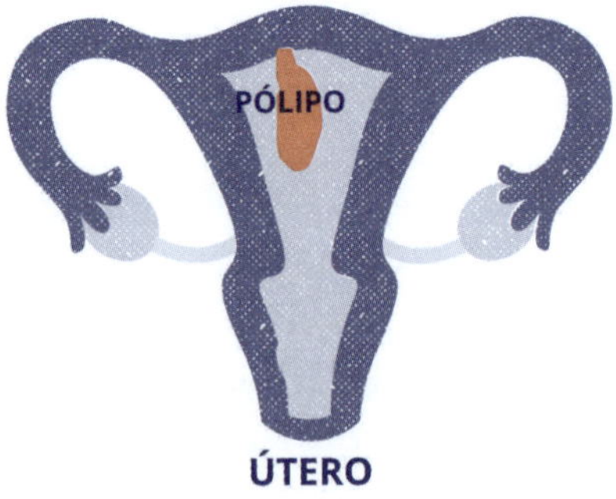

El PÓLIPO crece en el endometrio, la capa interna del útero.

Los pólipos son benignos y, si no causan síntomas, no es necesario hacer nada. Suelen causar manchados intermenstruales o reglas abundantes, pero en la posmenopausia su aparición podría indicar cierta actividad hormonal, lo que no sería normal en esta etapa, en cuyo caso quizá haya que extirparlos por histeroscopia.

Los pólipos crecen en el interior del útero, mientras que los miomas lo hacen en el espesor del miometrio (la capa muscular del útero). No los confundas.

Adenomiosis

La adenomiosis es una variante de la endometriosis (una enfermedad inflamatoria producida por el crecimiento del tejido endometrial en zonas donde no debe estar). Consiste en que el endometrio (la capa interna del útero) se infiltra por el miometrio (la capa muscular del útero), lo que origina rigidez del útero, dolor durante la regla y las relaciones y sangrados abundantes. Al igual que sucede con la endometriosis, su origen no está claro, pero el haber parido o pasado por una cirugía puede favorecer ese avance del tejido por una zona que no le corresponde.

La adenomiosis puede originar reglas abundantes, irregulares y muy dolorosas durante la fase de transición a la menopausia, pero en la menopausia tal vez no cause síntomas.

Otras causas de sangrado

Hay otro tipo de sangrados producidos por alteraciones que no vemos, pero que indican que algo está funcionando mal, por eso los médicos los llamamos «sangrados funcionales». Te describo a continuación las causas más frecuentes de estos.

Atrofia endometrial

La atrofia hace referencia a algo que no crece o que no se desarrolla. Cuando la capa interna del útero es muy fina por la falta de estrógenos, puede sangrar, pues los vasos sanguíneos quedan muy expuestos. Tranquila, que no es nada malo y, además, esto también puede ocurrir cuando se toman anticonceptivos hormonales.

Tratamientos para el cáncer de mama

A muchas mujeres con cáncer de mama se les da un tratamiento que puede aumentar el endometrio y hacer que forme pólipos, los cuales pueden producir sangrados. Si es tu caso, tu médico te recomendará revisiones periódicas para controlarlo.

Sequedad vaginal

Los estrógenos son necesarios para que nuestra vagina esté hidratada y cómoda, pero, si su nivel disminuye, la pobrecilla se secará, lo que podría producir un sangrado. La solución es evitar que esto pase hidratando la vagina.

Terapia hormonal

Si sigues algún tratamiento hormonal para la menopausia, quizá experimentes algún sangrado irregular, que normalmente es de cantidad similar o muy inferior a una regla. En estos casos, aunque sabemos que no hay motivo de preocupación, debes hacerte una ecografía para confirmar que se debe al tratamiento.

Opciones de tratamiento

Si tengo que escoger uno de los tratamientos para los sangrados sería el DIU hormonal, un dispositivo que se introduce en la cavidad uterina y que libera levonorgestrel, un gestágeno. No entiendo que a su inventor no le hayan dado el Premio Nobel, porque desde su llegada, en los años noventa, los ginecólogos disponemos de un arma terapéutica que nos permite reducir el número de histerectomías y tratamientos invasivos, lo que mejora la calidad de vida de las mujeres.

Los **anticonceptivos hormonales** en perimenopausia también ayudan a controlar los sangrados y los síntomas de la perimenopausia, por lo que ya ves que no hay problema en continuar con la anticoncepción hormonal hasta más o menos los cincuenta años.

- Los **gestágenos** orales o vaginales también mejoran los síntomas en la fase de transición a la menopausia.

- El **relugolix**, un antagonista del receptor de la hormona GnRH con nombre de personaje de Astérix que se ha asociado a estrógenos y gestágenos (estradiol y acetato de noretisterona) en una nueva formulación recientemente comercializada en España, frena el crecimiento de los miomas y disminuye el sangrado, reduciendo así la posibilidad de pasar por el quirófano.

- Similar a este tratamiento es el **linzagolix**, pero este no lleva estrógenos asociados, aunque se podrían añadir si fueran necesarios.

Existen otros tratamientos que resuelven situaciones puntuales o menos graves de sangrados vaginales disfuncionales, como los antinflamatorios no esteroides —AINES—, de los cuales mi favorito es el ácido mefenámico, y los antifibrinolíticos, como el ácido tranexámico, que se toman durante el episodio de sangrado. Estos pueden darse por separado o en conjunto y disminuyen la cantidad de sangre y el dolor.

Si estos tratamientos no controlan los sangrados en un tiempo prudencial (de tres a seis meses), tendríamos que recurrir a otros más invasivos, según la causa, como la ablación endometrial, la embolización de arterias uterinas, la miolisis por radiofrecuencia o la histerectomía.

Para recordar

- Los sangrados anormales durante la fase de transición a la menopausia y la menopausia deben estudiarse porque pueden indicar otras enfermedades, como anemia, miomas, pólipos, trastornos de la ovulación, trastornos del tiroides o, en el peor de los casos, cáncer.
- Las causas pueden ser orgánicas o funcionales, según su origen.
- Se pueden tratar médicamente o precisar algún tratamiento invasivo.

- En la menopausia, la principal sospecha de sangrado anómalo es el cáncer de endometrio, que debe descartarse en primer lugar.
- Los tratamientos hormonales durante la perimenopausia y la menopausia tienen su eficacia y seguridad demostradas.

Las preguntas más frecuentes de mis pacientes

¿Qué diferencias hay entre un pólipo y un mioma?

El pólipo es un engrosamiento puntual de la capa interna del útero (el endometrio) y está formado por tejido glandular. El mioma se forma en la capa muscular del útero. Tienen origen diferente, pero ambos podrían producir sangrados anormales. Muchas veces son un hallazgo casual, porque no causan síntomas.

¿Cuánta sangre es normal?

Clásicamente, consideramos una regla en cantidad normal aquella que no supera los 80 cc. Hoy en día, esa cantidad puede medirse con la copa menstrual o con la cantidad de compresas que usas diariamente. Si precisas cambiarte 5-6 veces de compresa al día, tu sangrado menstrual es abundante y deberías consultarlo con tu médico o matrona.

¿Por qué suelto coágulos?

Los coágulos son porciones de endometrio que se desprenden debido a un déficit de progesterona, la hormona que permite que el endometrio crezca ordenadamente (es como el cemento que pega los ladrillos de una pared). Si el nivel de progesterona es bajo, el endometrio (o pared) crece sin control, por lo que acabará cayendo por su propio peso.

¿Es normal sangrar en la menopausia?

NO. Una vez que estés en la menopausia, debes consultar cualquier sangrado que tengas para comprobar si se trata de cáncer de endometrio. Muchas veces, se debe a otras causas, pero lo primero es descartar una enfermedad.

¿Me van a extirpar el útero si sangro mucho?

Depende de la causa y de si puede tratarse de una manera más conservadora. Afortunadamente, hay muchas opciones que evitan la histerectomía o extirpación del útero. Ahora bien, si no respondes a esos tratamientos y tu calidad de vida se ve deteriorada, la cirugía podría ser la solución.

¿Me extirparán los ovarios si me operan el útero?

No es necesario extirpar los ovarios, aunque sí las trompas para disminuir el riesgo de cáncer de ovario. Desde hace ya varios años, los ginecólogos somos más conservadores y, si aún no eres menopáusica, dejamos los ovarios para que te sigan protegiendo, pues sabemos que una caída brusca del nivel de estrógenos ocasiona muchos más síntomas vasomotores.

4

Sequedad vaginal y vulvar

De pronto me di cuenta de que estaba cambiando,
que algo se estaba moviendo dentro de mí,
que mi cuerpo ya no era el mismo. Me asusté.
Me irritaba por cualquier cosa, me sentía triste sin saber por qué,
me dolían los huesos, las articulaciones, me sudaban las manos y los pies.
Y los sofocos, ¡los sofocos eran terribles!
Sentía que me abrasaba el fuego por dentro
y luego se me pasaba como si nada hubiese pasado.
Era como si me estuviera transformando en otra persona
y no sabía cómo manejarlo.

La mujer habitada, **Gioconda Belli**

La pérdida de estrógenos es la principal causa de todos los síntomas durante la fase de transición a la menopausia y la menopausia. También lo es del síndrome genitourinario de la menopausia, que afecta a muchas mujeres (ocho de cada diez), aunque, por vergüenza o desconocimiento, no se lo dicen a su médico, así que no están diagnosticadas ni tratadas. Terrible, ¿no? Pues hablemos de ello y averigüemos en qué consiste.

¿Qué es el síndrome genitourinario de la menopausia?

Estas palabras tan rimbombantes son las que usamos los gines para referirnos a todos los síntomas que acontecen en la esfera genitourinaria: sequedad vulvar y vaginal, dispareunia (dolor en las relaciones sexuales), cistitis, infecciones de orina, incontinencia de urgencia...; es decir, todos esos síntomas que ahora notas debido a la dichosa caída del nivel de estrógenos. Este nombre es relativamente reciente, del 2014, por recomendación de la Sociedad Norteamericana de Menopausia (NAMS, por sus siglas en inglés), pues antes teníamos el término *atrofia vaginal*, que ha quedado anticuado, dado que, por un lado, se quedaba corto, al hacer referencia solo a la vagina y no incluir los síntomas urinarios acompañantes, y, por otro lado, lo de *atrofia* sonaba peyorativo, pues no gusta nada que te digan que tienes la vagina atrófica.

Para entender por qué ocurre, empezaré por contarte que toda esta zona (la vulva, la vagina, el clítoris, la vejiga y la uretra) está llena de receptores hormonales para los estrógenos y para los andrógenos; es decir, responde muchísimo a la presencia de esas hormonas. Durante nuestra vida fértil, los estrógenos se encargan de que la vulva esté vascularizada e hidratada, aunque apenas le hagamos caso; que la vagina esté húmeda, elástica y flexible y tenga un pH adecuado, y que la vejiga y la uretra tengan sus capas mucosas internas perfectamente funcionales. Todo esto hace que la microbiota (el conjunto de bacterias buenas que habitan en la vagina) esté en buenas condiciones para producir ácido láctico y, así, acidificar la vagina, lo que evita infecciones vaginales.

Sin embargo, durante la menopausia, por la famosa caída del nivel de estrógenos, los tejidos de esta zona se vuelven más secos, menos elásticos y flexibles y más finos; los vasos sanguíneos disminuyen su grosor, por lo que no llevan tanto oxígeno a los tejidos, y el pH vaginal cambia, se eleva o alcaliniza, lo que no favorece la producción del glucógeno, que alimenta a los lactobacilos (las bacterias de la vagina encargadas de producir ácido láctico a partir de la glucosa). Dicho así, todo junto, no suena nada bien. Efectivamente, **todos esos cambios hacen que seamos más propensas a las infecciones vaginales y de orina, que lubriquemos menos y que las relaciones duelan más** o a que nos surjan picores o sensaciones extrañas en la vulva y la vagina. Asimismo, se produce menos colágeno, fundamental en el sostén de los tejidos, por lo que puede que notemos menos tono en la vagina y que sintamos que el útero o la vejiga han descendido.

En esta época, puede aparecer una enfermedad vulvar algo olvidada pero bastante frecuente: el liquen escleroso, probablemente de origen autoinmune, la cual a veces se confunde con los cambios que genera la propia menopausia en la zona de la vulva. Te hablaré de ella más adelante.

Signos y síntomas

Si estás en la fase de transición o en plena menopausia, quiero que te fijes en si de repente notas más picores, ardores o tirantez en la piel de tus genitales, y piensas en acudir a la farmacia para buscar una solución rápida. En tal caso, considera la posibilidad de que todos esos síntomas se deben a la sequedad por los efectos de esta falta de hormonas, y no a otra cosa, como hongos o una infección de transmisión sexual.

También podrías notar molestias durante las relaciones sexuales, porque la vagina sufre un estrechamiento en la entrada y un acortamiento, además de lubricar menos, lo que explicaría que tengas dolor y que incluso intentes evitar el sexo. Y, para más incomodidad, quizá sangres durante las relaciones, por la fricción del pene contra la pared vaginal, más fina y seca.

Los síntomas urinarios tal vez los notes de manera indirecta; por ejemplo, si tienes que levantarte por la noche a orinar o hacerlo más a menudo porque aguantas menos, e incluso puedes tener prisa por llegar al baño y sentir que se te va a escapar la orina. Y, para rematar, quizá ahora tengas infecciones de orina o cistitis cada dos por tres.

Y aquí está la mala noticia: la sequedad vaginal no se cura con el tiempo, como los sofocos, sino que empeora con los años y va haciendo que nuestro canal vaginal cada vez se seque y se estreche más. De todos modos, no todas vivimos esta situación de igual manera, pues hay mujeres que apenas notan nada sin tratamiento y otras que lo pasan realmente mal. Lo que me sigue llamando la atención es que algunas no consulten ni busquen ayuda si notan algo de lo que estoy contando aquí.

La buena noticia es que existe tratamiento para todos esos síntomas, basado sobre todo en la prevención: hidratar la vagina regularmente, igual que la cara, cada día. La forma de hacerlo dependerá de tus síntomas y de tus preferencias, pero ha de ser sistemático; si no, no funcionará.

Llegadas a este punto y antes de seguir con el tratamiento de la sequedad vaginal, me gustaría aclarar dos conceptos, pues quiero que distingas una hidratante de un lubricante, ya que es fácil confundirlos, y no son lo mismo, y que entiendas que el tratamiento es indefinido, es decir, para siempre, ya que en el momento en que lo suspendas los síntomas volverán.

Las hidratantes vaginales son productos que se adhieren a la mucosa vaginal imitando las secreciones naturales o se absorben a través de las células y mejoran el pH, la acidez y la humedad de la vagina. Deben aplicarse inicialmente durante dos o tres semanas seguidas todas las noches, aunque después suele ser suficiente con dos o tres veces por semana para mantener la hidratación.

Los lubricantes son productos químicos cuyo efecto dura poco y solo se indican para facilitar las relaciones sexuales, al disminuir la fricción. Por tanto, no sirven para hidratar. La Organización Mundial de la Salud (OMS) ha regulado las características químicas de los lubricantes: han de tener un pH de 4,5 (3,8-4,5), una osmolaridad (la capacidad de retener el agua, pues si es muy alta, te secará más) de 380 mOsm/kg (aunque los tolera hasta 1.200 mOsm/kg) y una fracción de glicoles (sustancias químicas presentes) que no debe superar el 9,9 % de la fracción de masa. Estas condiciones tan específicas evitan que sean irritantes y destruyan tu flora vaginal, lo que podría traerte problemas. Si usas lubricantes, fíjate en si cumplen estas condiciones o pide asesoramiento en tu farmacia. A estas edades, no todo vale, por lo que te aconsejo que evites los lubricantes con efectos especiales y busques aquellos que cumplan estos requisitos. La buena noticia es que estos productos se van a regular por ley a fin de que sean seguros para la vagina.

Esto que te acabo de contar es importante, porque muchas veces se aplica lubricante para hidratar y se nota el efecto contrario. Una vez absorbido, este quizá te ocasione alguna ligera molestia y encima te haga sentir más seca.

Recuerda: el lubricante es para jugar y la hidratante, para el día a día.

El tratamiento de la sequedad vaginal está orientado a disminuir los síntomas e intentar recuperar la mucosa vaginal y uretral para mejorar tu calidad de vida. Se hace de manera escalonada. Si los síntomas no son muy intensos, puedes usar cremas hidratantes con sustancias mucoadhesivas o con ácido hialurónico. Hay muchas hidratantes vaginales con hialurónico en el mercado, aunque no todas llevan la misma concentración (lo ideal es un 2 %) y suelen llevar otras sustancias que mejoran los síntomas. Como estos productos se venden sin receta, prueba alguno y, si no te van bien o la textura te resulta incómoda, cambia hasta encontrar el que se adapte a ti. Los encontrarás en forma de crema con aplicador, cánulas u óvulos vaginales.

Si esto no es suficiente o tienes síntomas más graves, el siguiente paso es usar óvulos, comprimidos, anillos o cremas vaginales con estrógenos (estradiol, estriol o promestrieno), que actúan localmente y no pasan a la sangre en cantidad suficiente como para ocasionar efectos secundarios. Esto te lo digo para que estés tranquila. Además, los estrógenos son superefícaces y son el tratamiento de elección (es decir, el indicado) para todos los síntomas que origina el síndrome genitourinario de la menopausia, incluso los urinarios. No obstante, igual te da un patatús al leer el prospecto; de hecho, muchas mujeres no inician su tratamiento o lo interrumpen por lo que pone. Pero fíjate en que los efectos secundarios de los estrógenos hacen referencia a la terapia hormonal de la menopausia, no a la terapia estrogénica local. **El estrógeno vaginal solo actúa en la vagina y la cantidad que pasa a la sangre es mínima y no tiene efecto.**

Otro tratamiento que da muy buenos resultados son los óvulos de prasterona (una molécula idéntica a la dehidroepiandrosterona —DHEA—), que han demostrado ser seguros y eficaces para acabar con la sequedad vulvovaginal que causa dispareunia (dolor con las relaciones). Tiene efecto estrogénico y androgénico y se ven resultados en dos semanas, aunque quizá el prospecto cree una alarma innecesaria.

Si ya estás siguiendo la terapia hormonal de la menopausia, a lo mejor no notas estos síntomas, por lo que no necesitas terapia adicional. No obstante, hay un porcentaje de mujeres que no tienen suficiente con la terapia hormonal sistémica, así que precisarán complementarla con estos tratamientos tópicos para resolver por completo los síntomas genitourinarios.

Un inconveniente de estos tratamientos es la forma de aplicación. Si es por vía vaginal, es un engorro porque debes acordarte cada día y hacerlo periódicamente, y quizá te resulte incómodo el simple hecho de introducir un dedo o un tubo en la vagina para aplicar los óvulos o la crema.

La duración del tratamiento, al igual que sucede con las hidratantes sin hormonas, debe ser de al menos dos semanas seguidas. Después, se puede reducir a dos aplicaciones semanales, pero de manera continuada, es decir, para siempre, ya que, si lo dejas cuando te sientas bien, te garantizo que en poco tiempo volverás a notar esos síntomas tan molestos.

Si ni los estrógenos ni la prasterona local surten efecto y sigues con unas molestias que afectan a tu calidad de vida y a tu actividad sexual, hay otra opción farmacológica: el ospemifeno, un modulador selectivo de los receptores de estrógeno (SERM, por sus siglas en inglés) que se administra por vía oral y actúa preferentemente en el epitelio vaginal, ignorando la mama y el endometrio. Mejora la sequedad vaginal severa, pero a veces produce sofocos intensos. Se trata de valorar lo mejor para ti. El ospemifeno se toma diariamente en forma de comprimido y pueden tomarlo aquellas mujeres que han tenido cáncer de mama tras haber completado el tratamiento si padecen un síndrome genitourinario marcado que no responde a cremas hidratantes vaginales no hormonales.

Hoy en día, con la ginecología estética, funcional y regenerativa, ha surgido un montón de posibilidades más de tratamiento de este grupo de síntomas, como el láser vaginal, la aplicación de plasma rico en plaquetas (PRP), la radiofrecuencia o la inyección de hialurónico vaginalmente.

Tienes que prestarle atención a esa parte de tu cuerpo que hasta ahora requería poco mantenimiento porque tus estrógenos se encargaban de todo, pues ahora necesita cuidados específicos.

Consejos para cuidar la vulva y vagina

- Mantén una higiene correcta.
- Límpiate de delante atrás cuando vayas al baño.
- No uses toallitas húmedas.
- Evita los salvaslips y los productos de higiene íntima, salvo si te los ha recomendado el médico.
- No te laves la vagina (la parte interior).
- Lávate la vulva (la parte exterior) solo con agua y, si necesitas un plus, que sean productos específicos con el pH adecuado.
- Sigue una dieta adecuada y equilibrada, pues mejora el estado de toda tu piel, incluida la de la vulva.
- No fumes, no aporta nada bueno.
- Hidrátate la vulva diariamente y la vagina dos veces por semana con productos específicos para cada zona.

Para recordar

- El síndrome genitourinario de la menopausia afecta a ocho de cada diez mujeres en menopausia, pero muchas no reconocen los síntomas y, por tanto, no buscan tratamiento.

- Su causa es la caída del nivel de estrógenos.
- Los síntomas más frecuentes son sequedad, ardor y picazón, así como molestias durante las relaciones sexuales.
- Los tratamientos se siguen escalonadamente en función de la gravedad de los síntomas y de las preferencias.
- El síndrome genitourinario de la menopausia no se cura y precisa de tratamiento toda la vida.

Las preguntas más frecuentes de mis pacientes

¿Cómo diferencio la vulva de la vagina?

Muy fácil: la vulva es la parte exterior de nuestros genitales (labios mayores, labios menores, entrada a la vagina, uretra y clítoris), mientras que la vagina es la parte interior. Hay mucha confusión porque los anglosajones usan la palabra vagina para referirse a ambas partes.

¿Por qué tengo tantas infecciones de orina?

Porque los estrógenos, que se encargaban de mantener la hidratación y el buen tono de tu mucosa vaginal, se han largado y la pobre queda desamparada y seca. Sobre ella, se apoyan la vejiga y la uretra, que ahora tienen menos protección contra las agresiones externas, lo que te vuelve más propensa a la cistitis e infecciones de orina.

¿Cuánto tiempo tengo que usar hidratantes vaginales?

Toda la vida, igual que las cremas para la cara. La frecuencia y el tipo de hidratante dependerá de la intensidad de tus síntomas y de tus necesidades.

¿Con cuanta frecuencia tengo que lavarme la vagina?

Error. La vagina no se lava. La vagina actúa como un horno pirolítico, es decir, se limpia sola, por lo que no hay que introducir agua ni ningún producto en ella, salvo que sigas algún tratamiento.

¿Los estrógenos en la vagina mejoran los síntomas urinarios, como la cistitis?

Claramente, sí. Al mejorar las paredes de la vagina, esta estará menos expuesta a la fricción, por lo que protegerá la vejiga y la uretra, disminuyendo la posibilidad de irritarse durante las relaciones sexuales y evitando las infecciones de orina.

5

Miedo a reír en público: incontinencia de orina, vejiga hiperactiva y cistitis

En la vejez, los olores cambian, no puedes controlar tu cuerpo, tu orina se escapa y dejas de tener amigos cuando te haces demasiado molesta. Nadie quiere oír tus historias tristes, y tú no puedes recordar las alegres.

El club de la Buena Estrella, **Amy Tan**

Seguro que habrás oído alguna vez la expresión «Me meo de risa». Tal vez de niñas nos hiciera gracia, pero en esta época de la vida supone un problema. Sí, querida amiga, me refiero a la incontinencia de orina, algo de lo que hoy, por fortuna, hablamos más abiertamente, quizá porque han surgido terapias alternativas a la cirugía clásica que, aunque no la curen, mitigan sus efectos.

A estas alturas, tal vez ya conozcas la importancia de cuidar el suelo pélvico desde joven, pero sobre todo en la menopausia. Esta parte de nuestra anatomía no es nada más (ni nada menos) que el conjunto de fibras musculares y tendinosas que van de delante atrás en la pelvis, sujetando los órganos internos como una especie de hamaca. Me gusta explicarlo como si el suelo pélvico fuese un puente colgante cuyos dos extremos de fijación son el hueso púbico (anterior) y el hueso coccígeo (posterior). Ambos están conectados por una serie de músculos que conforman la parte colgante de ese puente, que tiene tres orificios de salida: la uretra, la vagina y el ano, que pueden ser tres puntos débiles. Si todo está bien estructurado, nuestro suelo pélvico mantendrá sujetos vejiga, útero e intestinos para que todo funcione correctamente.

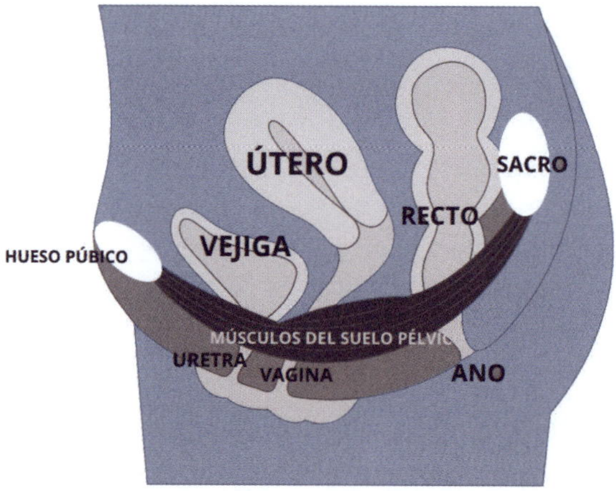

El suelo pélvico tiene unas funciones bien descritas: función de sostén de las estructuras de la pelvis para que no se salgan de su sitio y ayudar así a mantener la postura corporal; función de continencia de las heces y la orina, ya que aguanta la presión intrabdominal; función sexual, ya que permite que los músculos de la vagina se relajen y se contraigan en las relaciones, facilitando la penetración; y función reproductiva, al permitir pasar la cabeza del feto en el parto. Mucho trabajo para una sola estructura, ¿no?

La incontinencia urinaria

Si tuviera que elegir alguno de los órganos de la pelvis pensando en el que afecta más a la calidad de vida de las mujeres si su función se ve alterada sería la vejiga. Este órgano, que usamos varias veces al día y de cuya importancia no somos conscientes cuando funciona correctamente, es el encargado de almacenar la orina que llega filtrada desde los riñones y de eliminarla al exterior a través de la uretra. Para que cumpla su cometido, debe tener capacidad de llenarse y aguantar las presiones hasta llegar a un determinado volumen, normalmente de 250-300 c. c. Entonces, la vejiga le mandará una señal al cerebro, y este emitirá la orden de que se relaje al esfínter externo uretral, un músculo que impide los escapes de orina cuando está contraído. Por eso, cuando todo esto funciona como debe, decidimos voluntariamente en qué momento vaciar la vejiga. Por ejemplo, si estamos en la calle, esperamos hasta llegar a casa o a algún baño. En cambio, si no somos capaces de controlar estos actos tan sencillos, entonces tendremos un problema: incontinencia de orina.

Los factores que influyen en el desarrollo de la incontinencia de orina más conocidos son el sobrepeso (porque aumenta la presión en el abdomen), los partos instrumentalizados de niños grandes (por la distensión o rotura de fibras musculares, que después perderán su tono), el ser *runner* (por el impacto de los saltos sobre el suelo pélvico), el tabaco (porque hace que se oxigenen peor los tejidos) y el estreñimiento crónico (por la fuerza que se hace sobre la pelvis para intentar expulsar las heces). La genética también cumple un papel importante en ello, pues la calidad del colágeno que traemos de serie determina la elasticidad y tono de nuestros tejidos.

En situaciones en las que aumenta la presión sobre la vejiga, es necesario tener el esfínter externo de la uretra con buen tono, pues es el músculo que se encarga de que no salga la orina, salvo que le demos voluntariamente la orden. Si no está lo bastante fuerte para aguantar esa presión extra, habrá escapes. Es la incontinencia urinaria de esfuerzo, que es la que se produce al reír, toser, hacer algún esfuerzo o saltar.

En otras ocasiones, aunque el esfínter externo esté fuerte y sea capaz de contener la orina, si los músculos del suelo pélvico están débiles (por mala calidad del colágeno o rotos tras los partos), esas presiones podrían causar que se salga parte de la vagina o la vejiga, que notaríamos en forma de bultos. Se trata de prolapsos (de vejiga, de útero o de recto) o celes, una enfermedad benigna que no es necesario tratar si no causa síntomas (pero incómoda sí que es y algo de sustillo da).

No obstante, las pérdidas de orina no siempre son por un aumento de presión sobre la vejiga. En ocasiones, la afectación del suelo pélvico se manifiesta con unas ganas tremendas de orinar y fugas de orina. En este caso, se debe a que la vejiga tiene hipercontractilidad y, apenas se llena, le manda una señal al cerebro de tener ganas de orinar, el cual responde con esa sensación de urgencia. La hiperactividad de la vejiga a veces va acompañada de incontinencia, así que condiciona la calidad de vida, al limitar las actividades por la imperiosa necesidad de tener siempre un baño cerca. Lo paradójico de este síntoma es que, si estás en la calle y no encuentras un baño, puedes aguantar perfectamente sin escapes, aunque tengas unas incómodas ganas de orinar, pero, al abrir la puerta de casa o entrar al baño, sufres esa pérdida de orina. Esto es incontinencia de orina de urgencia, y ya sabes por qué.

Este tipo de incontinencia a veces se debe a una infección de orina, que irrita las paredes de la vejiga y produce cistitis, pero otras se deberá a un problema neurológico o una obstrucción. Para conocer el tipo de incontinencia que tienes (de estrés, de urgencia o mixta) y su grado de intensidad, el médico hará una serie de preguntas y exploraciones, aunque lo primero es descartar una infección de orina subyacente. Asimismo, es importante saber cómo afectan las pérdidas de orina en el día a día, en la calidad de vida. La percepción que siente cada una es distinta. Una paciente con incontinencia leve puede sentirse muy mal por ello y limitar su actividad diaria y la forma de relacionarse con los demás e incluso con su pareja por vergüenza. Por el contrario, hay mujeres que asumen la incontinencia como algo normal por la edad o los partos y se limitan a usar compresas para los escapes.

La incontinencia de orina es un problema serio de salud pública que afecta a más del 50 % de las mujeres mayores de sesenta y cinco años, aunque ya antes de los treinta y cinco años un 15 % de ellas refieren algún tipo de incontinencia en distinto grado. Tal vez consideres que perder orina de manera involuntaria es normal, salvo que sea muy incapacitante, pero no lo es y, aunque es un problema que suele manifestarse en la menopausia, no es exclusivo de esta.

En mis años de profesión, he visto a muchas mujeres que no reconocen el problema cuando les pregunto directamente si tienen incontinencia, pero, si les digo «¿Se te escapa la orina al reír, toser o hacer esfuerzo?» o «¿Notas que no llegas al baño a tiempo?», entonces, sorprendentemente, la mayoría de ellas responden que sí. ¿Es ese tu caso? ¿Te has parado a pensar si hay alguna solución? ¿Se lo has comentado a tu médico?

¿Qué se puede hacer?

El tratamiento dependerá de la causa, pero habrá que pensar primero en modificar el estilo de vida: vigilar la cantidad de agua que se bebe, evitar el tabaco y las bebidas irritantes, como el café o el té, y perder peso para disminuir la presión intrabdominal.

Los ginecólogos y urólogos recomendamos comenzar con los ejercicios de Kegel para la incontinencia, pues es uno de los tratamientos que mejor resultado dan, aunque veo un problema: muchas mujeres no tienen conciencia de los músculos del suelo pélvico y no los contraen correctamente. Así, puede que, en vez de contraer la vagina, se contraigan las nalgas o el abdomen. Además, precisan de constancia y concentración, y eso muchas veces nos falla, pues no encontramos tiempo para hacer trescientos Kegel al día entre todas las cosas que tenemos que hacer para mantenernos en buen estado.

Otra técnica que se recomienda es la micción programada, sobre todo cuando existe hiperactividad de la vejiga, que consiste en entrenar la vejiga fijando horarios (por ejemplo, ir cada dos horas al baño), aunque a veces se precisa de medicamentos que inhiban esas contracciones involuntarias.

En los casos de cistitis de repetición, el tratamiento de la sequedad vaginal con cremas de estrógenos intravaginales mejora los síntomas, al aumentar el grosor de la mucosa vaginal, en la que se apoya la vejiga. Este tipo de cistitis entra en el grupo de síntomas del **síndrome genitourinario de la menopausia**, del que hablamos en el capítulo 4.

La hiperactividad de la vejiga mejora con el uso de **medicamentos** de nombre impronunciable, como mirabegrón, fesoterodina o solifenacina. Estos dan buenos resultados, al inhibir la contractilidad vesical, pero pueden tener efectos secundarios leves, como sequedad de ojos y boca o estreñimiento.

En los casos de incontinencia de urgencia, la toxina botulínica (sí, has leído bien, la que se usa para quitar arrugas), al relajar los músculos de las paredes vesicales, ayuda a controlar las pérdidas, pues vuelve a la vejiga menos sensible a la sensación de llenado.

La neuromodulación sacra consiste en colocar un cable cerca de los nervios sacros, en la espalda. Este transmite impulsos que regulan la actividad del nervio evitando su sobrestimulación y el efecto que tiene sobre las paredes de la vejiga.

Los fisioterapeutas especializados en suelo pélvico también tienen una importante función, pues ayudan a conocer la zona y hacen tratamientos de refuerzo de esa musculatura.

Los juguetes sexuales son de utilidad en el cuidado del suelo pélvico, pues la vibración que emiten activa los músculos de la zona y estimula la vascularización de la vagina, por lo que aumentan su hidratación y lubricación. Además, resultan muy útiles para conocer sin presión lo que te gusta y lo que no, te ayudan a conseguir el orgasmo a tu ritmo y son un apoyo en caso de disfunciones sexuales. Esta es una forma divertida de hacer los Kegel, y encima puedes decir que te lo ha mandado tu médico.

El uso de dispositivos basados en energía, como el láser y la radiofrecuencia, mejoran el tejido vaginal, favoreciendo la sustentación de la uretra. Por otro lado, la estimulación magnética funcional (la famosa silla para la incontinencia) ha demostrado mejorar la incontinencia, al actuar directamente sobre los músculos del suelo pélvico, ya que es capaz de producir más de diez mil contracciones por sesión (o sea, es como hacer Kegel a lo bestia).

En casos en los que todo esto no funciona o la incontinencia es muy grave, la solución es la cirugía, con la que se intenta aumentar la fuerza del esfínter uretral colocando unas bandas bajo la uretra con el fin de mejorar su soporte.

Espero que todo esto te haya hecho ser consciente
de que la incontinencia no es normal,
que hay que reconocerla, sobre todo en fases tempranas,
para intentar frenarla y mejorarla con el tratamiento
adecuado, porque ya ves que lo hay.
Por todo ello, te invito a que lo hables con tu médico
si te está pasando, pues es una enfermedad muy común.

Ejercicios de Kegel: ¿son tan eficaces como dicen?

Todas hemos oído hablar de los famosos ejercicios de Kegel, pero ¿sabemos en realidad qué son, para qué sirven y, sobre todo, cómo realizarlos correctamente?

Si nos vamos a la definición de los libros, los ejercicios de Kegel son todos aquellos que mejoran la fuerza, la potencia, la resistencia y la capacidad de relajación de los músculos del suelo pélvico. Ya, Mati, pero ¿de qué músculos estamos hablando exactamente? Pues, dicho de una manera muy burda, nos referimos a los músculos que sujetan las vísceras para que no se caigan cuando estamos de pie.

Por cierto, muchas veces pregunto a mis pacientes si hacen ejercicios de suelo pélvico y me dicen que sí, que practican pilates o yoga. Sin embargo, aunque estas disciplinas vienen bien para hacer correcciones posturales y evitar sobrecargas de la zona, no cuentan si los ejercicios no están dirigidos a contraer el suelo pélvico. Pero ten en cuenta que, salvo que te hayan enseñado y seas capaz de mover tu elevador del ano, no serás capaz de hacer los famosos Kegel correctamente. Estos ejercicios exigen comprender cómo se activan los músculos de la zona y, para ello, muchas veces se precisa de asesoramiento por parte de rehabilitadores o fisioterapeutas especializados.

Hay muchas maneras de evaluar el tono y la fuerza del suelo pélvico desde un punto de vista médico, pero aquí te daré una serie de instrucciones de andar por casa. Normalmente, en la consulta, tu gine o fisio te introducirá un dedo en la vagina y te pedirá que contraigas los músculos para intentar atraparlo y tirar de él hacia arriba y hacia dentro (yo suelo decir a mis pacientes que imaginen que mi dedo es una pajita e intenten aspirar el aire a través de ella). Así, se aprecia si contraes los músculos debidos o, por el contrario, contraes los glúteos o el abdomen, algo muy, pero que muy frecuente. Otra forma de hacerlo es pensar que quieres evitar que se te salga un gas, para lo que tienes que contraer el ano, pero solo el ano, no los glúteos. Debes notar que el ano se cierra y, sobre todo, que se eleva. Introducir en la vagina conos vaginales o bolas chinas ayuda a sentir esa percepción al tener que atraparlos en la vagina, pero curiosamente no se cree que sirvan demasiado para recuperar el suelo pélvico.

Ahora, intenta hacer esto tú sola en casa de pie o sentada. ¿Lo sientes? Si es así, puedes entrenar tu suelo pélvico. Pero no te agobies si no eres capaz o no aguantas mucho, pues es normal. De hecho, muchas mujeres, incluso algunas que son personal sanitario, no son capaces de hacer los ejercicios correctamente por sí solas y necesitan cierta orientación o entrenamiento previos.

Si no eres capaz de contraer la vagina tal como te explico, prueba con técnicas de retroalimentación (aquellas que usan sensores con señales acústicas o vibratorias para reconocer la contracción). Estas puede aplicarlas un fisioterapeuta de suelo pélvico.

¿Te sientes ya preparada? Si eres de las que tienen la capacidad de contraer y relajar correctamente los músculos del suelo pélvico, ya estás capacitada para practicar estos ejercicios a diario.

Para poner en práctica...

Un ejemplo es hacer tres veces al día unas ocho o doce contracciones sostenidas, cada una de entre ocho y diez segundos. Para notar resultados, tienes que hacerlo todos los días durante al menos cuatro o cinco meses.

A continuación, te dejo una pauta de ejercicios de Kegel de ejemplo (Newman *et al.*, 2018):

- Acuéstate y relájate: haz cinco contracciones de tus músculos pélvicos, cada una de entre uno y dos segundos. Descansa y repítelo, pero esta vez que duren entre cinco y diez segundos cada una.
- Descansa y siéntate. Repite las dos series de cinco contracciones (las cinco primeras que duren entre un segundo y dos, y las cinco siguientes quc duren entre cinco y diez segundos).
- Descansa y ponte de pie. Repite las dos series de cinco contracciones.

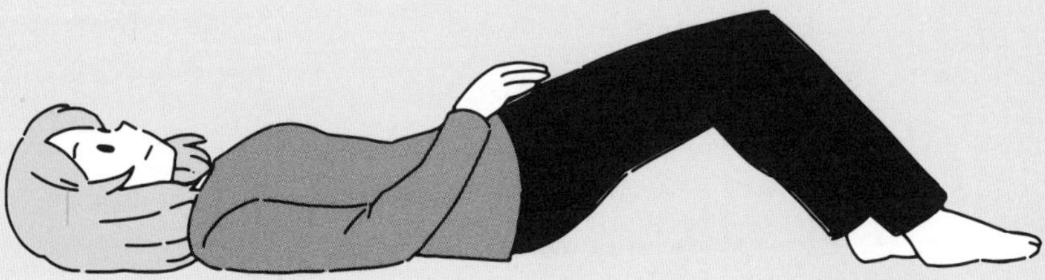

Estos ejercicios se han comprobado científicamente y son eficaces para fortalecer el suelo pélvico y prevenir la incontinencia de orina y los prolapsos o tratarlos. Además, funcionan mejor que los ejercicios de yoga y los hipopresivos, pero no por eso dejes de realizar estos últimos, pues te harán bien.

Solo se desaconsejan si se te ha diagnosticado una hipertonía de los músculos del suelo pélvico, ya que podrían empeorar tu malestar.

Espero que te animes a probarlos.

Para recordar

- La incontinencia urinaria de esfuerzo o de urgencia, o mixta, es frecuente, pero no normal.
- La incontinencia afecta a más de la mitad de las mujeres mayores de sesenta y cinco años.
- Mantener y cuidar el suelo pélvico disminuye la posibilidad de padecer incontinencia de orina.
- Los prolapsos son salidas de órganos a través de la vagina y pueden ir acompañados de incontinencia de orina.
- La sequedad vaginal en la menopausia favorece las infecciones de orina y las cistitis, síntomas que mejoran con estrógenos locales.
- Los ejercicios de Kegel funcionan si se hacen bien, aunque a veces resulta preciso solicitar asesoramiento de un fisioterapeuta de suelo pélvico.

Las preguntas más frecuentes de mis pacientes

¿Es normal tener pérdidas de orina?

No. Que sea frecuente no significa que sea normal. Si es tu caso, debes consultarlo, y no esperes a que te pase varias veces pensando que todavía no necesitas tratamiento. Si tienes escapes al reír o al hacer ejercicio, por muy pequeños que sean, o si no aguantas sin ir al baño cada poco tiempo, tienes problemas de incontinencia y debes decírselo a tu médico, matrona o fisioterapeuta de suelo pélvico.

¿Son eficaces los ejercicios de Kegel?

Sí. Además, están probados científicamente, pero hay que ser muy constante y muy consciente de la musculatura pélvica, pues no todas las mujeres los hacen como es debido. Es necesario contraer y elevar la musculatura pélvica sin contraer los glúteos o elevar el abdomen. Quizá necesites que te aconseje un fisio de suelo pélvico.

Tengo incontinencia de orina, pero no quiero operarme. ¿Qué opciones hay?

La recuperación del suelo pélvico con la ayuda de un fisioterapeuta especializado en suelo pélvico, la neuromodulación sacra, los Kegel dirigidos, la silla de estimulación magnética, el láser vaginal, la radiofrecuencia...; solos o en combinación solucionan la incontinencia leve o mejoran la incontinencia moderada.

6

¿Dónde está mi cintura? Síndrome metabólico y menopausia

La menopausia ha sido mi gran enemiga,
me ha convertido en una desconocida.
Me ha hecho engordar, me ha despojado de mis formas
y me ha vuelto extraña. A veces me miro al espejo
y no me reconozco, siento como si fuera un cuerpo extraño,
como si hubiera cambiado de piel.

La ridícula idea de no volver a verte, **Rosa Montero**

Este tema es uno de los más peliagudos y difíciles de explicar, pero seguro que es el que más interés suscita en esta época vital. Si ya de por sí el modelo occidental de belleza nos lleva a pasarnos la vida obsesionadas con la imagen corporal, al llegar a la menopausia esto es un no parar, porque, si ya le tenemos miedo a ser viejas, no digamos a ser viejas y estar gordas.

La menopausia solo es una fase de cambios que marcan el fin de la capacidad reproductiva. El verdadero envejecimiento es mucho más complejo y ocurrirá años después, aunque dependerá de nosotras en qué situación lleguemos.

«Mati, yo esta cintura no la tenía», «Mati, te juro que hago ejercicio todos los días y cuido lo que como»..., estos son ejemplos de comentarios de mis pacientes en la revisión anual. Y, efectivamente, estas mujeres, que llevo viendo desde su embarazo, comprueban su evolución con el paso de los años, gracias al registro que tengo, y sí que hay cambios en su peso. La mayoría de ellas ganan un kilo o dos kilos un año, bajan tres al siguiente y vuelven a subir, pero más o menos la variación es de entre dos y tres kilos de promedio, que es lo habitual. Cuando el aumento es superior, no pueden creer que no se deba a la menopausia (que sí, que algo tiene que ver), pero hay que considerar otros factores asociados, como cambios en el estilo de vida, hábitos alimentarios no demasiado saludables y, sobre todo, falta de ejercicio, y en algún caso, arrastrar alguna enfermedad. ¿A qué te suena todo esto?

La menopausia, como ya he dicho, supone una pérdida de estrógenos, y esto a la larga hará que disminuya la masa ósea y muscular y que cambie la distribución de la grasa corporal; paralelamente, la evolución natural también tendrá algo que ver. La genética que heredamos es otro factor que influye; por eso, debemos fijarnos en el aspecto físico de nuestras predecesoras, si son regordetas o flacas, y averiguar si padecen hipertensión arterial o diabetes para hacernos una idea de lo que se nos viene encima. No obstante, por muy buena genética que tengas, si la desperdicias siendo sedentaria, fumando, bebiendo alcohol y alimentándote mal, pues, hija, muy bien no vas a acabar. Para empezar, se estima que la menopausia te hará subir un 6 % de masa grasa y, por otro lado, perder un 0,5 % de masa magra (muscular). El balance final será un aumento del 3,6 % de tu peso previo a la transición a la menopausia, por lo que, como mucho, a estos cambios hormonales se les podría atribuir unos tres kilos de diferencia, pero no más.

El sobrepeso y la obesidad son problemas de salud pública

Vamos a seguir ahora un hilo de pensamiento para entender cómo influye el sobrepeso en la salud durante la menopausia y el gasto sanitario que supone. Según el Instituto Nacional de Estadística (INE), la esperanza de vida de las mujeres españolas en 2022 es de 85,1 años, lo que significa que pasaremos más de treinta años siendo posmenopáusicas. En España, hay más de ocho millones de mujeres mayores de cuarenta y cinco años, el 12,1% de la población total. Y el 34% de las menopáusicas tienen obesidad y un 46,1% sobrepeso; es decir, ¡casi la mitad tiene algún problema de peso! Todas estas cifras nos indican que estamos ante un problema de salud pública. Lo ideal es prevenir, pero, aparte de cuidarnos y sentirnos bien, tenemos que evitar gastos en medicamentos y en otros recursos sanitarios.

La OMS ha establecido unos valores de referencia para diagnosticar sobrepeso y obesidad en función del índice de masa corporal (IMC). Si el IMC es mayor de 25 kg/m^2, hay sobrepeso y, si es mayor del 30 kg/m^2, obesidad.

Para saber cuál es tu IMC, divide tu peso en kilogramos entre tu altura en metros elevados al cuadrado. Por ejemplo, si mides 1,65 m de altura y pesas 65 kg, tu IMC será 65/(1,65)^2. Esto da un resultado de 23,87 kg/m, que corresponde al peso ideal o normopeso.

No obstante, hay más datos en los que fijarse, uno de ellos es la medida de la cintura. Curioso, ¿no? Para las mujeres, las principales guías clínicas han establecido un límite de 88 cm de circunferencia abdominal como referencia para diagnosticar riesgo metabólico, ya que por encima de esa cifra se puede tener HTA, diabetes tipo II y colesterol alto. ¿Cómo te quedas? Ya estás buscando una cinta métrica y midiéndote la cintura: ponte de pie, con el abdomen relajado (no vale hacer trampas), y pasa la cinta alrededor de tu cintura a la altura del ombligo. Si ese valor es menor de 80 cm, ¡enhorabuena!, estás estupenda. Si da más de 80 cm, pero menos de 88, tampoco estás tan mal, pero no te descuides. Si está por encima de 88, tienes riesgo de hipertensión, diabetes y colesterol alto.

Pero ¿por qué esa medida? Porque, por encima de ella, la grasa abdominal (la de la cintura, vamos, los michelines) ya no se queda debajo de la piel, sino que se acumula alrededor de las vísceras, donde es más peligrosa y casi imposible de eliminar.

La grasa visceral, el enemigo

Voy a explicarte un poco más sobre la función de la grasa en el metabolismo y del importante papel que tienen los andrógenos, la insulina y el cortisol en su formación.

Hoy en día, la grasa se considera un órgano endocrino en sí mismo, pues es capaz de secretar sustancias que intervienen en el metabolismo de los lípidos (grasas) y la glucosa (azúcar), la regulación de la tensión arterial y la coagulación, además de sustancias proinflamatorias (la temida interleucina 6), las cuales dañan el organismo.

Todas hemos oído lo del metabolismo lento o rápido, que en realidad hace referencia a la capacidad para gastar energía del cuerpo en reposo, porque este quema calorías al respirar, dormir o incluso comer. Si tu metabolismo va lento es que gasta menos energía en reposo, por lo que necesitas tomar menos calorías o gastar más mediante el ejercicio para mantenerte en equilibrio, es decir, las gallinas que entran por las que salen. Si comes lo mismo, pero tu cuerpo gasta menos, eso supondrá un acúmulo de calorías y, a la larga, un aumento de peso.

Aquí entra en juego la menopausia, por la alteración del nivel de estrógenos. Los estrógenos participan en la regulación del metabolismo; de hecho, durante la vida fértil, muchas notamos cambios en el ansia por comer al acercarse la regla, cuando empieza a caer el nivel de estrógenos, preparándonos para un nuevo ciclo. Los estrógenos nos dan energía y le mandan señales al cuerpo de que tenemos que gastar la grasa para usar esa energía. Si su nivel disminuye, el cerebro da la orden de ahorrar energía, y eso repercutirá en el metabolismo, en la distribución de la grasa y en el hipotálamo (una parte del cerebro).

Los estrógenos tienen receptores en todo el cuerpo, pero también en el cerebro, donde regulan el hambre mediante las orexinas (del griego *orexis* 'apetito') o hipocretinas, unos neuropéptidos producidos por unas neuronas que están en el hipotálamo y que tienen que ver en los trastornos alimentarios y las ganas de comer por recompensa (es decir, los atracones que genera la ansiedad). Además, se encargan de aumentar la lipólisis (la eliminación de la grasa), por lo que, si estos neuropéptidos disminuyen, acumularemos más grasa.

La caída del nivel de estrógenos en la menopausia también supone una disminución del nivel de la globulina fijadora de hormonas sexuales (SHBG, por sus siglas en inglés), la proteína que se encarga de transportar las hormonas sexuales, por lo que habrá más andrógenos circulando, y estos tienen una actividad más masculina a la hora de distribuir la grasa corporal, es decir, sacan la grasa de las caderas y las mamas (disposición más femenina) y la llevan al abdomen (como los hombres) o, lo que es lo mismo, redistribuyen la grasa con un patrón morfológico más masculino (pasamos de ser peras a manzanas). Al tener una determinada cantidad de grasa, esta empieza a acumularse en las vísceras, la grasa visceral, que se encuentra alrededor de los órganos, un tipo de grasa mala malísima para la salud. Esta grasa libera los lípidos directamente a los vasos de la vena porta, una vena grande que va directa al hígado, favoreciendo así la formación de un hígado graso. Además, la grasa visceral es la encargada de liberar citoquinas, unas sustancias que no nos gustan porque son las responsables de los mecanismos que generan inflamación en el organismo, y eso a la larga nos traerá problemas de salud.

La insulina es la otra hormona implicada al encargarse de que la glucosa que circula por la sangre pase al interior de las células y les proporcione energía. También permite que la glucosa se almacene en forma de glucógeno, una sustancia que nos permite aguantar periodos de ayuno sin marearnos. En la menopausia, la combinación de grasa acumulada, una cantidad menor de masa muscular y el exceso de andrógenos producirá resistencia a la insulina, es decir, las células exigen más insulina para introducir la glucosa en su interior, por lo que nuestro páncreas tiene que secretar más cantidad de insulina, y ese exceso nos causa hambre o, peor, nos da ganas de comer lo primero que pillemos. Esto es lo que hace que abramos la nevera y, sin pensar, nos comamos incluso unas salchichas crudas. Por eso, la próxima vez que notes esas ganas de asaltar la nevera, piensa en lo que está pasando en tu cuerpo, respira hondo y bébete un vaso de agua para calmar tu impulso inicial. Si de verdad tienes hambre, mejor toma una pieza de fruta o un yogur.

Ahora, hay muchos estudios que incluyen las alteraciones de la microbiota intestinal como responsables del sobrepeso. Todavía no se sabe si la alteración de la microbiota predispone a la obesidad o si la obesidad altera la microbiota. Por ejemplo, hay estudios que identifican a la *Akkermansia muciniphila* (una bacteria del intestino que se encarga de degradar el moco intestinal), como protectora frente a la obesidad, la diabetes y la enfermedad inflamatoria intestinal. Ojalá la obesidad se pudiera curar tomando probióticos, pero tendremos que seguir con la triada de dieta saludable, ejercicio y eliminación de tóxicos.

No todo es culpa de la menopausia

Todo lo anterior explica las causas fisiológicas que suponen la caída del nivel de hormonas en esta fase de la vida, pero no podemos descuidar otros aspectos, como cambios vitales que pueden influir en nuestro peso, como llevar una vida más sedentaria, pasar estrés por los hijos o por tener que cuidar a padres dependientes, la pérdida de la pareja, los cambios de trabajo, la falta de sueño reparador, las alteraciones de la salud... Todos estos detonantes pueden llevarnos a subir de peso, coincida o no con la menopausia. Y esto no lo digo yo, sino múltiples estudios científicos en los que se investigó la evolución del peso a lo largo de los años. Fíjate en que los hombres también ganan peso con los años, y ellos no pasan la menopausia.

¿Por qué estoy tan pesada con el temita del sobrepeso?, pues porque este problema, querida amiga, no es solo estético, sino de salud, y eso está demostrado científicamente. El sobrepeso supone más riesgo de HTA y diabetes, así como de aumento del colesterol malo, y todas estas enfermedades influyen negativamente en la calidad de vida y en la esperanza de vida. Lo siento por el *body positivity* mal entendido. Por supuesto, debemos evitar la obsesión por el culto al cuerpo, pero tampoco se debe idealizar la obesidad. Me declaro en contra de la obesidad, no de las personas obesas, no confundamos. Tenemos que esforzarnos en buscar un equilibrio, porque te digo que pesar poco y no tener fuerzas ni ganas de nada es tan malo como tener sobrepeso con la analítica alterada. O sea, querida amiga, te recomiendo que rebajes tus expectativas, porque no vas a volver a pesar sesenta kilos, si alguna vez los has pesado, sin hacer algún sacrificio, y ya me dirás si las restricciones te merecen la pena o, por el contrario, sería mejor para la salud física y mental adaptarse al peso en el que llevas desde los cuarenta años, cuando tu cuerpo empezó a avisarte de que venían cambios.

Entendido esto, es momento de hablar de cosas más importantes, como el síndrome metabólico.

El síndrome metabólico, el malo de la película

El síndrome metabólico se define en medicina como la aparición de tres de estos factores: obesidad abdominal (un perímetro de la cintura mayor de 88), dislipemia (aumento del colesterol LDL o malo y de los triglicéridos), glucemia elevada y HTA. Todo esto eleva el riesgo de enfermedad cardiovascular, diabetes y mortalidad por cualquier causa médica en las mujeres.

Con independencia de que esos valores estén alterados, ¿cómo consideras tu salud?, ¿mala, regular, buena, muy buena? Este será tu mejor índice. Si eres capaz de subir escaleras sin cansarte, coger una maleta llena, levantarte del sofá sin apoyar las manos, llevar la compra o caminar rápido mientras hablas por teléfono, te felicito: empiezas la menopausia con buena salud. Por el contrario, si te encuentras cansada, roncas por la noche, te fatigas al subir escaleras y necesitas apoyar las manos para incorporarte, ya estás tardando en acudir al médico para que valore tu estado de salud general, aunque estés delgada y tu circunferencia abdominal sea menor de 80 cm. Y esto no es negociable.

Lo que te ayudará a sentirte bien es mantenerte en un peso saludable, que quizá sea un poco superior al que tu ideal de belleza te tenía acostumbrada o al objetivo que marca una revista de moda. Te aconsejo que te pares a pensar y seas objetiva y realista, porque, si para tener cierto peso, tienes que hacer sacrificios que te impidan seguir tu dieta, te pongan de mal humor y limiten tu vida social, no merece la pena. Mi consejo es: asocia dieta a estilo de vida, no a pasar hambre. Cuida tu alimentación: evita procesados (vamos, elimina de tu vida todo lo que venga en bolsa y tenga más de cinco ingredientes), aumenta el consumo de cereales integrales (son hidratos de carbono que se metabolizan más despacio), fibra, legumbres, frutas y verduras y no tomes bebidas azucaradas, zumos ni alcohol. Como ves, no se ha inventado nada nuevo, la dieta mediterránea sigue siendo el ejemplo. Y, por supuesto, huye de las dietas milagro y de suplementos caros, salvo que tu médico te lo aconseje dentro de un plan vigilado de adelgazamiento. En caso de que el sobrepeso ya sea un problema de salud, será tu médico el que te indique las pautas, incluso si precisas medicación complementaria o tratamiento quirúrgico.

Por otra parte, introduce el ejercicio en tu vida, si no lo has hecho aún, pues tu objetivo es llegar a ser una señora mayor (léase madura), sana e independiente. Tienes que hacer los tres tipos de ejercicio: ejercicio cardiovascular, el de sudar y mover el corazón (correr, saltar, nadar…), de fuerza (hacer pesas o usar el cuerpo como peso) y de equilibrio (taichí, yoga…).

Siento hacerte un *spoiler*, pero para regular el peso no hay pastillas milagrosas ni suplementos que valgan si no van acompañados de dieta y ejercicio. Y eso, querida amiga, cuesta.

Espero que ahora entiendas por qué tu cintura no es la misma y que no es culpa tuya si a pesar de tus esfuerzos no la mantienes bajo control.

Para recordar

- La menopausia supone una serie de cambios en el metabolismo y el nivel de hormonas, lo que influirá en la sensación de hambre y en la distribución de la grasa corporal.
- El estilo de vida, los hábitos alimentarios y el nivel de sedentarismo también influyen en el peso en esta fase de la vida.
- No hay nada nuevo en cuestión de métodos milagrosos para adelgazar: la dieta saludable y el ejercicio siguen siendo fundamentales para ayudar a mantener un peso óptimo.
- Hay que hacer ejercicio, comer sano, evitar procesados y tabaco, mantener la vida social y gestionar el estrés.
- La menopausia solo será responsable de la subida de 2-3 kg de peso. Por encima de ese valor, hay que buscar otras causas.

Las preguntas más frecuentes de mis pacientes

¿Voy a engordar?

No tienes por qué. Sí que es normal que la grasa corporal se redistribuya, debido al dominio de ciertas hormonas masculinas que aumentan en la menopausia, por lo que esta pasará de las caderas a la cintura como por arte de magia y quizá te cueste bajar de peso, pero debes mantener unos hábitos alimentarios sanos y hacer ejercicio. En la menopausia, el metabolismo se enlentece y necesitas comer menos cantidad, además de precisar hacer más ejercicio, sobre todo de fuerza, para no perder masa muscular. No obstante, tu cerebro cambia y tiene apetencia por ciertos alimentos menos saludables, por lo que debes estar alerta y ser consciente de lo que comes.

¿Por qué tengo más riesgo de infarto o HTA en la menopausia?

Porque antes los estrógenos se encargaban de mantener sanas las paredes de los vasos sanguíneos, impidiendo que se pegaran las placas de colesterol, formando ateromas. Estos vasos también estaban más elásticos, por lo que nos protegían contra la subida de la tensión arterial. A partir de la menopausia, perdemos esa protección y, además, en el hígado no se limpia el colesterol, por lo que circulará más por la sangre, sobre todo el LDL (es decir, el llamado popularmente «colesterol malo»), el colesterol que se pega a las paredes de los vasos sanguíneos.

7

Por cierto, ¿dónde he dejado las gafas? Las alteraciones en la función cognitiva

El bienestar de una neurona depende de su habilidad para comunicarse con las demás. Los estudios han demostrado que la estimulación eléctrica y química de las neuronas ayuda a mantener la vitalidad del proceso celular. Las neuronas incapaces de conectarse con otras se atrofian. Una vez que se vuelve inútil, una neurona abandonada se muere.

Siempre Alice, **Lisa Genova**

«¿Dónde he dejado las gafas?», «¿Qué he venido a hacer a la cocina?», «¿Qué tenía que hacer hoy?»... Las dudas nos asaltan y a veces nos da la sensación de que se nos va la cabeza. Pero ¿qué hay de cierto en esto? ¿Son las hormonas o somos nosotras, que nos hacemos mayores y quizá nos volvemos un poco torpes?

Hay una época en nuestra vida en la que nos cuesta más aprender cosas y olvidamos palabras comunes y los nombres de las personas, incluso los de nuestros hijos. Y, no, no es que nos estemos volviendo locas: estamos transitando a la menopausia. Es como si tuviésemos un velo en el cerebro, algo que se ha descrito como niebla mental.

Si bien tendemos a echarle la culpa de todo a la llegada de la menopausia, hay que considerar que en esta fase no solo estamos pasando por muchos cambios físicos, sino también personales y psicológicos. Tal vez el nivel de estrés nos supere, y eso afecta al cerebro. Además, esto también les sucede a los hombres, y ellos no tienen una caída del nivel de estrógenos, por lo que habrá que pensar que es algo que puede asociarse a la edad.

Entonces, ¿qué hay de cierto en que la menopausia afecta al ánimo y a la lucidez mental? Veamos lo que dice la ciencia. En 1994, en Estados Unidos, se inició un estudio cuyo objetivo era investigar cómo variaba la salud de las mujeres durante la transición a la menopausia, es decir, todos los cambios que se daban desde antes de esta hasta unos años después (a estos estudios se los llaman «longitudinales»). Se trata del conocido estudio SWAN (Study of Women's Health across the Nation 'Estudio de la Salud de las Mujeres en el País'). Durante más de veinte años, se hizo un seguimiento a más de tres mil mujeres estadounidenses para recopilar datos sobre sus cambios hormonales, síntomas de la menopausia, salud cardiovascular, densidad ósea, función cognitiva, calidad del sueño y salud psicológica.

Se encontró una relación entre la menopausia y las alteraciones en la función cognitiva, que podía empeorar a largo plazo en aquellas mujeres con síntomas vasomotores más marcados, quizá debido a un mal descanso nocturno, lo que trastorna la reparación del cerebro durante la noche y disminuye la fase de sueño profundo, tan necesario para el equilibrio físico y mental. Es decir, si sufres muchos sofocos y sudores nocturnos, tienes más posibilidades de padecer trastornos de la memoria y sentirte más triste. Y es que, si te despiertas mucho por la noche, a tu cerebro no le da tiempo a eliminar las toxinas acumuladas y los residuos metabólicos cerebrales, como la proteína beta-amiloide, relacionada con el alzhéimer. Otra de las funciones del sueño es favorecer las conexiones neuronales y producir la hormona del crecimiento, necesaria, entre otras cosas, para regenerar los tejidos (incluido el cerebro) y reducir su inflamación, y cuya falta favorece la depresión. De la falta de sueño hablaremos unos capítulos más adelante.

Por suerte, este estudio también observó que la terapia hormonal de reemplazo, al tratar los síntomas vasomotores, mejora la función cognitiva. Pero, atención, esto no significa que se deba tratar a todo el mundo con hormonas para prevenir la demencia.

Sin embargo, ya he mencionado que no podemos culpar de todos estos trastornos únicamente a las hormonas, pues hay un proceso de envejecimiento biológico, al que se une una serie de factores genéticos, que puede suponer un mayor riesgo de pobreza cognitiva sin tener relación con la menopausia. Tus aficiones, nivel de estudios, salud y alimentación, en fin, el consabido estilo de vida, tienen mucho que ver en la aparición de estos síntomas.

Claro que tampoco podemos obviar la conexión entre la reducción del nivel de estrógenos en la menopausia y los trastornos que notamos. Esta pérdida de receptores es más gradual en la menopausia natural respecto a la quirúrgica, que suele provocar un descenso brusco del nivel de estrógenos. El cerebro tiene receptores (puertas de entrada selectivas para cada hormona) para los estrógenos, en mayor cantidad en determinadas áreas, como en el hipotálamo, donde se regula la temperatura del cuerpo, el sueño y los ritmos circadianos; en las regiones que intervienen en el aprendizaje y la memoria, como la corteza prefrontal, el hipocampo, la amígdala y la corteza cingulada posterior, y en la zona donde se encuentran las neuronas que dependen de la serotonina y de la adrenalina. Por tanto, si hay menos estrógenos, las funciones cerebrales no se podrán realizar correctamente y el cerebro consumirá menos glucosa, que es la energía que precisa, lo que se verá reflejado en la aparición de cambios de humor, cansancio o niebla mental y depresión. Vamos, que tenemos motivos para sentirnos así.

No obstante, salvo que estas alteraciones que he mencionado afecten mucho a tu vida o tu familia las perciba como un problema serio, no debes preocuparte demasiado. En cambio, si te hace sentir incómoda no saber responder a preguntas concretas, por ejemplo, consulta con un neurólogo.

Cambios de humor durante la menopausia

Pasas de la risa al llanto en nada, pero lo más típico es que de repente notas que tienes la mecha corta, es decir, te enfadas enseguida, pero si lo analizas es por tonterías. Discutes con tus hijos y con tu pareja por nimiedades a las que antes no les dabas importancia, y no, no estás loca, sino que tienes al cerebro readaptándose a una nueva situación.

Muchas veces, vamos corriendo a todas partes y, sin darnos cuenta, dejamos de cuidarnos y de hacer actividades que nos gustan porque no tenemos tiempo para nosotras, pues estamos siempre atentas a las necesidades de nuestros hijos, padres o pareja. Pero, si esto ya lo hacíamos antes, ¿por qué ahora nos afecta? Porque ahora a nuestro cerebro le falta esa energía que hemos ido perdiendo con los años, y en esta fase de transición a la menopausia y durante esta se acentúa.

No eres la misma, pero eso no tienes que percibirlo como algo negativo, pues esos cambios que estás notando te llevan a centrarte, al fin, en ti y en tus necesidades.

La depresión y la menopausia

Hablar de depresión y menopausia ya son palabras mayores. ¿Tendremos depresión durante la menopausia? Ya te contesto yo a la gallega: depende.

Sabemos que los estrógenos hacen que el cerebro funcione correctamente, por lo que, si no tenemos o estos disminuyen, se verán afectados el sueño, la memoria y la cognición, algo que nos hará sentir mal, un motivo para que se desencadene una depresión.

De hecho, se ha descrito que el riesgo de padecer síntomas depresivos aumenta entre dos y cuatro veces en la transición a la menopausia y en el periodo menopáusico temprano, además de ser más probable en mujeres que han tenido una menopausia quirúrgica. También en esta época vital ocurren muchos cambios que pueden afectar a nuestro ánimo (separaciones, independencia de los hijos, muertes de amigos o familiares, enfermedades...); vamos, que parece que todo acompaña para encontrarnos mal.

Sin embargo, no solo por estar menopáusicas vamos a tener depresión, por supuesto. No olvidemos que la genética, el estilo de vida y el estrés son factores que influyen en su aparición y desarrollo. Los hombres también se deprimen, y te sorprenderá saber que más que nosotras, y no pasan por una menopausia. Esto se debe a la tendencia de los hombres a no contar sus problemas y callárselos, como si tuvieran prohibido mostrar debilidad. En cambio, nosotras no paramos de hablar y manifestar nuestro malestar, y eso es un factor de protección. De ahí la importancia de mantener amistades con las que desahogarse y liberar a nuestra cabecita de las responsabilidades o, al menos, quitarles ese punto de tragedia que muchas veces les incorporamos. Por eso, insisto tanto en la necesidad de quedar con amigas. Es por salud mental.

Menopausia y demencia

La enfermedad de Alzheimer es un tipo de demencia característica muy conocida y se ha asociado con la presencia del genotipo de la **apolipoproteína E (apoE e4)**. Además, pertenecer al sexo femenino aumenta las posibilidades de tener alzhéimer tardío, el cual empieza a desarrollarse muchísimos años antes de que se manifieste clínicamente, por lo que las líneas de estudio se dirigen a buscar signos que indiquen qué personas lo padecerán con los años a fin de prevenirlo o, al menos, de retrasar la aparición de sus síntomas.

En las investigaciones, se ha visto que las mujeres de entre cuarenta y sesenta años (pre- y posmenopáusicas) con el gen apoE e4 presentan una actividad metabólica cerebral disminuida y un aumento del depósito de beta-amiloide en el cerebro en comparación con mujeres en premenopausia y varones.

Pero no nos pongamos negativas pensando que vamos a tener alzhéimer. Lo que debemos hacer es mantenernos activas y ocupar nuestro cerebro en las actividades que nos gusten y nos hagan segregar serotonina.

Cómo afrontar los cambios de humor

Si has notado que tu carácter no es el mismo y que en casa te miran raro porque no saben cómo vas a reaccionar, y no te gusta sentirte así, espero que lo que voy a explicarte te ayude a comprender lo que te pasa.

Ten en cuenta que, si aprendes a darte cuenta en el momento en que estás a punto de saltar y eres capaz de parar, respirar y cambiar de actitud (aunque tu hijo se merezca que le llames la atención), darás un pasito más en la gestión de tus crisis. Tu familia te lo agradecerá.

Solución a las crisis

Para y respira. Reduce tu agenda y elimina aquello que no te agrade: aprende a decir que no. Reserva tiempo para ti, ya sea para ir a la peluquería o al cine. Habla con tus amigas de lo que te pasa; te sorprenderá descubrir que están viviendo lo mismo. Lee mucho, aliméntate bien, haz ejercicio, intenta descansar, baila, ríete... Son los mejores consejos que puedo darte para que mejores tu ánimo.

Si aun así vas a peor durante el día y estás con el ceño fruncido, prueba con productos naturales, como los derivados del azafrán, que tienen un efecto sedante, o los que llevan triptófano, un precursor de la serotonina. Y, si ves que te supera, consulta con un especialista que valorará si puedes optar por la terapia hormonal.

Importante: no descuides tus hábitos saludables, algo que por experiencia propia sé que es difícil de gestionar, y más en la situación actual.

Para recordar

- El ánimo cambia en la menopausia, pero las experiencias vitales influyen y esta época de transición es de análisis y balance de la vida, por lo que puede afectar mucho.
- Las mujeres con más síntomas vasomotores (sofocos y sudores nocturnos) tienen más riesgo de padecer trastornos del ánimo.
- La menopausia por sí misma no produce depresión, pero es un factor desencadenante.
- La falta de sueño puede interferir en la capacidad de aprendizaje, la memoria y el estado anímico, por lo que tener buenos hábitos de sueño es importante.
- Hay que buscar ayuda siempre que sea necesario.

Las preguntas más frecuentes de mis pacientes

¿Me voy a deprimir?

No tienes por qué. Si tiendes a la depresión, ya lo habrás notado a lo largo de tu vida y podrás gestionarla con el tratamiento adecuado. Si nunca te ha pasado antes y de repente te notas decaída y sin ganas de hacer nada, con miedo al futuro o triste por el pasado, consulta con tu médico.

8

Este pelo no es el mío y esta vulva tampoco. Los cambios dermatológicos

*Briseida estaba sentada en el borde de la cama con los ojos cerrados.
Cuando Patroclo se acercó, pudo ver que tenía las manos llenas de cabello.
Una madeja suelta se había enredado en su dedo y la estaba estirando.
Él la tomó por los hombros y la hizo girar hacia él.
Su cabeza estaba llena de zonas donde la piel era rosada y suave
como la piel de un bebé, donde antes había cabello.
El poco que quedaba era delgado y apagado.*

La canción de Aquiles, **Madeline Miller**

«Mati, pídeme unas hormonas, que se me cae mucho el pelo», «Mati, este pelo no es el mío, yo tenía más antes»...

¡Uf!, voy a coger aire un momento. La calidad y cantidad del pelo cambia a lo largo de la vida y en ello influyen muchas cosas, como la edad, el estado nutricional, las épocas vitales (como embarazo, parto y posparto, y cómo no, la menopausia), y no digamos si se está pasando por alguna enfermedad, sobre todo inmunológica.

Los ginecólogos actuamos como médicos de cabecera y ya sabemos que, salvo que tengas alopecia androgenética (pérdidas de cabello de tipo masculino), las hormonas no son la solución. Lo que de verdad hace falta es valorar tu estado nutricional y si has pasado una época de cambios o de más estrés, o estás en ella, lo que sí podría afectar a la calidad y cantidad de tu cabello. Y ahora quiero explicarte por qué.

La melena

Nuestra melena es un anejo de la piel con dos partes definidas: el tallo piloso y el folículo piloso. El **tallo** es el pelo que vemos, que puede ser más o menos largo, aunque en realidad son fibras sin vida, y está formado por células sin núcleo en su parte externa, la queratina, que es la proteína que define que el pelo sea liso o rizado, pero también la responsable de que este tenga buen aspecto o esté quebradizo. El **folículo** tiene, por un lado, el bulbo piloso, donde se regenera el pelo y donde están las glándulas sebáceas, que lubrican el pelo, y, por otro, los músculos erectores del pelo, esos que nos ponen la piel de gallina.

En nuestra cabecita, disponemos de 100.000-150.000 pelos y cada día perdemos de manera fisiológica unos cien, pues la melena está en continua regeneración, y eso es bueno, aunque te asustes cada vez que te la lavas. La caída del pelo en las mujeres con frecuencia se debe a déficits nutricionales, sobre todo en caso de anemia por sangrado excesivo durante la regla. Además, en la menopausia, se suman dos factores en contra: la disminución de estrógenos, que hace que el pelo no crezca tan fuerte, ya que estos se encargan de mantenerlo en la fase de crecimiento, y el aumento de andrógenos, que favorecen la caída de tipo masculino del cabello y también son los culpables de que nos aparezca vello en las patillas y en el bigote. Todo esto hace que notemos una pérdida de densidad y espesor del cabello. Pero existen otros tipos de pérdida de cabello que debemos considerar.

Alopecia frontal fibrosante

Es esa alopecia en la frente va ampliándose porque la línea de implantación del cabello se retrae y cicatriza. No suele pasar de ahí y no precisa tratamiento, salvo cuando es muy visible y llamativa (incluso llega a afectar a las cejas). Ocurre en la premenopausia y la menopausia. Si es tu caso, consulta con un dermatólogo.

Alopecia androgenética femenina (FAGA, por sus siglas en inglés)

Es una enfermedad del cabello muy frecuente con un componente genético, por lo que, si las mujeres de tu familia la tienen, tú probablemente la padezcas. Se debe a un exceso de andrógenos en el cuerpo, pero también a un exceso de respuesta de los receptores de andrógenos en piel y cabello. La inflamación crónica es otro factor que debe tenerse en cuenta.

Suele empezar como una pérdida difusa del cabello, sobre todo en la línea media o zona de la raya. Si aparecen calvas en la coronilla, hay que hacer pruebas para descartar un exceso de andrógenos, como puede ocurrir en caso de que haya un tumor virilizante del ovario (tranquila, no es muy frecuente). Esta enfermedad debe tratarla un dermatólogo y lo ideal es empezar a hacerlo en las fases iniciales, pues dará mejores resultados.

Hirsutismo facial

Por ironías del destino, nuestro cabello se afina, pero nos puede aparecer vello en la cara. Esto, más que por un exceso de andrógenos, se debe a una desproporción entre los niveles hormonales de estrógenos y andrógenos. En estos casos, la analítica hormonal no reflejará un exceso de andrógenos, pero sirve para descartar otro origen.

Unos buenos cuidados con productos de calidad, evitando caer en los consejos publicitarios que nos bombardean a todas horas, nos ayudará. Mi consejo es que consultes con un buen dermatólogo si tienes problemas con tu cabello. Los especializados en el cabello son los tricólogos.

¿Qué pasa con la zona genital?

La caída de estrógenos afecta a la piel de la zona vulvar. Hasta entonces, los estrógenos circulantes se encargaban del mantenimiento de esta zona, provista de un montón de receptores hormonales para estrógenos. Si el nivel de estos es menor, los vasos sanguíneos irrigan menos la zona, el tejido conectivo disminuye y la piel adelgaza, por lo que se vuelve más sensible. Así, la vulva está más flácida y se pierde la secreción de las glándulas, por lo que la piel se sensibiliza. El vello de la zona genital también cambia: disminuye su densidad y pueden salir canas, aunque hoy quizá se aprecie menos gracias a las depilaciones definitivas completas. Por otro lado, aparece el síndrome genitourinario de la menopausia, del que hablamos en otro capítulo, cuyos síntomas incluyen, además de la sequedad vulvar, irritación, picor e incluso molestias o rojeces tras las relaciones.

Lesiones en la piel de la vulva

La zona de la vulva es piel, por lo tanto, puede manifestar cualquier reacción cutánea igual que el resto del cuerpo (eccemas, psoriasis, reacciones alérgicas...). Debes reconocer el aspecto de tus genitales externos, para lo que es bueno que utilices un espejo. Así podrás comprobar si tienes alguna lesión o si hay algún cambio.

Ahora te hablaré de las lesiones benignas más frecuentes:

· **Angiomas o puntos rubíes:** son dilataciones vasculares visibles a través de la piel, que pueden dar un aspecto de lunares rojos un poco sobreelevados. No son graves, pero si se rompen, pueden producirte un manchado que te preocupe, aunque si te molestan, se pueden solucionar con láseres afines a la hemoglobina, como el láser de Neodimio.

· **Pólipos fibroepiteliales:** pueden aparecer en la vulva y alrededores, sobre todo en la zona inguinal. Son excrecencias blanditas al tacto y podemos apreciar a veces un pequeño tallo de mayor o menor grosor. Se pueden extirpar si son molestos o te rozan.

· **Quistes epidérmicos:** son unos pequeños bultos llenos de queratina, que pueden tener un aspecto blanquecino.

· **Los nódulos o gránulos de Fordyce:** son unos pequeños bultos de escasos milímetros, más o menos duros, de color blanco o crema que nos aparecen en la piel de la vulva. Los podemos notar al limpiarnos como unos granos de arroz, o a veces te los comenta tu médico durante la exploración ginecológica. Pueden estar aislados o aparecer como un rosario o una cadena. Tranquila, no se tratan de una ITS, ni de una lesión maligna. En realidad, son glándulas sebáceas ectópicas, es decir, unas glándulas que crecen donde no les corresponde. Característicamente no tienen pelo. Son muy frecuentes y el tratamiento no es necesario salvo que te produzcan molestia de tipo estético. En este caso se pueden sacar con cremas de isotretinoína, pequeñas incisiones con anestesia local o con láser (mi opción favorita).

· **Vitíligo:** es una enfermedad de la piel de origen multifactorial en la que se pierden los melanocitos (las células de la piel que nos dan el color). No es una enfermedad contagiosa. Que aparezca exclusivamente en la zona vulvar es menos frecuente, pues probablemente, si lo tienes, ya te lo habrían diagnosticado hace años en otras partes de tu cuerpo, donde es más probable que aparezca, como la cara y las manos. Si es la primera vez que te ves esas placas blancas en tu zona genital, debes consultarlo. El vitíligo es una enfermedad autoinmune que puede asociarse a otras patologías y su asociación a la menopausia tiene que ver con la teoría de que depende de factores hormonales y de estrés, aunque su origen, al igual que el liquen, no está del todo determinado.

· **Liquen escleroso vulvar:** esta enfermedad merece un libro por sí sola, pero en este caso solo te lo mencionaré como una enfermedad crónica de probable origen inmunitario de la piel de la vulva caracterizada por ir avanzando y deformando la anatomía normal de tus genitales. Puede hacer que los labios menores desparezcan o se fusionen, que se cierre el capuchón del clítoris o la entrada de la vagina. Y no solo esto, sino que también produce picor, ardor y dolor con las relaciones.

Quizá lo que hayas leído te haga pensar «Pero ¿cómo es que no se consulta al médico?». Pues porque muchas mujeres sienten vergüenza al notar cambios en sus genitales y se limitan a pedir un tratamiento para el picor en la farmacia, donde, con un diagnóstico basado solo en los síntomas, lo tratarán como cándidas o sequedad vaginal, pero no resolverá el problema de base.

El tratamiento de elección (es decir, el indicado) son cremas de corticoides, pero por experiencia te digo que el problema no está en la aplicación, sino en la constancia.

Si te han diagnosticado liquen escleroso, es importante que sigas el tratamiento y que, si no es eficaz en unos meses, consultes a tu médico por si es necesario hacer una biopsia para descartar enfermedades más graves.

¿Y con el resto del cuerpo?

Hasta aquí, la parte más ginecológica de este tema, pero no podemos descuidar el cuerpo, que también nos importa, y mucho.

En la menopausia, lo que más suele preocuparnos es el aspecto estético y una piel apagada, sin brillo, con manchas y arrugas. Esa es nuestra peor pesadilla. Afortunadamente, hay muchos tratamientos, tanto en cabina como en consultorio médico, que nos ayudan a mejorarla. Pero es importante hacer un abordaje por dentro y por fuera, por lo que es necesario conocer lo que pasa en nuestra piel.

En la menopausia, la piel ve reducida su vascularización y pierde elasticidad. Como disminuye la producción de grasa, se seca y es más fácil que se irrite y descame, así como del colágeno, que nos da firmeza, y del ácido hialurónico, que nos ayuda a retener el agua. Asimismo, la piel pierde la función de barrera y, aparte de seca, está deshidratada, por lo que es más sensible a determinadas sustancias (de ahí que puedan aparecer alergias que antes no teníamos). Al volverse más frágil, incluso podría resultarle más difícil cicatrizar ante una lesión. Podrían aparecer manchas en cara, escote y dorso de las manos, algo que quizá ya hayas notado en la premenopausia, pero en la menopausia solo es cuestión de tiempo que te salgan. Por otra parte, las uñas pierden fuerza y se vuelven quebradizas.

Antes de seguir, te propongo hacer un pequeño test para comprobar la elasticidad de tu piel: pellizca hacia arriba la piel del dorso de la mano y observa cuánto tarda en volver a su posición original. Si la transición es rápida, no tienes la piel tan mal, pero, si tarda en recuperarse o queda la marca, te está pidiendo auxilio.

Para mejorar este aspecto, debemos hidratar la piel del cuerpo (lo ideal sería llegar a la menopausia con ese hábito bien instaurado en nuestra rutina de belleza), y no solo externamente, sino con una alimentación adecuada y evitando las toxinas y el sol (la piel envejece por efecto del sol, no de la edad).

Seguro que muchos de estos consejos ya los habrás oído y leído antes, pero quizá así veas que son eficaces.

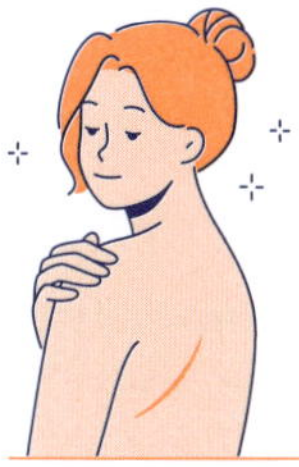

Cuidados generales de la piel en la menopausia

Ten hábitos saludables: sigue una dieta con antioxidantes (comidas con vegetales y frutas de colorines), deja de fumar, disminuye el consumo de alcohol o evítalo, haz ejercicio y bebe agua.

Ponte fotoprotección: es el mejor consejo de belleza para la piel y debe formar parte de tu rutina; si no es así, ya estás tardando.

Usa antioxidantes: la vitamina C tópica da mejores resultados que la oral y ahora existen muchos productos en forma de cremas o sérum que la incluyen.

Toma omega 7: el aceite de espino amarillo mejora la hidratación de las mucosas y de la piel.

Usa cremas específicas para la cara, el cuerpo y la vulva: cada zona tiene unas necesidades especiales y debemos cuidarlas. Lo sé, es más pesado, pero merece la pena.

Espero que todo lo que hayas leído hasta aquí te haga tomar conciencia de la importancia de cuidar la piel de todo el cuerpo, no solo la de la cara, que es la más visible.

Para recordar

- El crecimiento de la piel y el pelo del cuerpo están modulados por los estrógenos, la progesterona y los andrógenos, por lo que en la menopausia se ven alterados.
- La piel adelgaza, al disminuir la vascularización, y pierde textura y consistencia, por lo que aparecen arrugas.
- La zona de la vulva sufre mucho la caída del nivel de estrógenos y pueden darse síntomas del síndrome genitourinario de la menopausia (sequedad, picor e irritación).
- Hay enfermedades del cabello y de la piel de la vulva más frecuentes en la menopausia, por lo que es recomendable observar bien estas zonas y cuidarlas.
- Existen muchos tratamientos para la piel y el cabello en la menopausia, pero es fundamental mantener hábitos saludables, como seguir una dieta variada, evitar tóxicos e hidratarse.

Las preguntas más frecuentes de mis pacientes

¿Por qué se me cae el pelo?

Porque tu pelo tiene menos nutrientes y estrógenos, que en la periferia se transforman en testosterona, lo que hace que el folículo piloso se afine y pierda consistencia, favoreciendo su caída. Es normal perder una serie de cabellos al día, pero cuando es exagerado o empiezas a notarte zonas claras, debes consultarlo con tu médico.

¿Cómo debo cuidar mi vulva en la menopausia?

Puedes cuidarte usando hidratantes específicos para esa zona a diario, lavándote solo con agua y de delante atrás y usando lubricantes durante las relaciones para disminuir la fricción.

9

¿Y el deseo pa cuándo?

Clara empezó a padecer los síntomas de la menopausia: los sofocos, la sudoración, el insomnio, la fatiga, la irritabilidad, la depresión. Con el tiempo, el deseo sexual desapareció, lo que la hizo sentir como si hubiera perdido una parte de sí misma. Pero no se quejó, no se lamentó. Era una mujer de voluntad fuerte que había aprendido a aceptar las cosas como venían.

La casa de los espíritus, **Isabel Allende**

En los últimos años, una de las preguntas que más me hacen mis pacientes, aunque de refilón al acabar la exploración, es esa de «Por cierto doctora, ¿hay algo para el deseo sexual?». Al principio, con menos experiencia, confieso que pensaba que ese no era mi campo, que era más algo que incumbía a la psicología o a la sexología, pero con los años las preguntas y los comentarios de las mujeres me han enseñado a verlas de una manera más completa: tienen una vida, un carácter y un cuerpo particulares. Hasta entonces, mi objetivo era intentar mantenerlas sanas físicamente, pero descubrí que la salud también implica la situación emocional y empecé a tratarlas desde un enfoque más integral de los problemas ginecológicos. Dejé de limitarme a buscar una alteración física que explicara esta falta de deseo y empecé a buscar más respuestas y soluciones a esta falta de ganas de la que tanto me hablaban.

Por supuesto, existen épocas vitales en las que notamos falta de ganas, como una enfermedad, una crisis de pareja, un posparto o una situación personal crítica; por ejemplo, un despido o la muerte de un familiar. En la menopausia, además de todo esto, se da una caída hormonal que la justifica, pero no te cuento esto para darte ya por perdida, sino para que vayas entendiendo lo complejo que es el deseo femenino.

En este capítulo, mi objetivo es que entiendas lo que te pasa y actúes en consecuencia. Habré conseguido algo si, después de leerlo, conoces un poco mejor lo que te ocurre y por qué e incluso te motiva a comentar esta situación abiertamente con tu pareja para que también lo entienda y valoréis si necesitáis la ayuda de un especialista.

Cuando me consultan si es normal no sentir deseo sexual, mi respuesta es que sí, pues es el tercer problema más común en la menopausia y se da en el 48 % de las mujeres. Tras aclarar esto, pregunto a mis pacientes por qué consideran que su deseo es bajo y si eso afecta a su relación de pareja y calidad de vida. Si es así, habrá que intervenir.

Pero ¿qué es el deseo?

Si definimos el deseo sexual según los libros de psicología, este se explica como las ganas, el impulso, la fuerza o la motivación que nos mueve a tener relaciones íntimas; es decir, es el motor que nos lleva a buscar las relaciones sexuales.

La falta de deseo sexual es perder esas ganas de tener sexo por iniciativa propia. Pero aquí hago la primera puntualización, dado que no tener deseo no significa que no disfrutes de las relaciones sexuales o que estés enferma. Para que esta falta de deseo se considere un problema, debe ser algo que te afecte en tu vida y que tú lo percibas como un problema.

Quizá creas que tu deseo es bajo porque los comparas con unos estándares, por lo que ves en la tele o en otros medios o por lo te cuentan tus amigas sobre sus experiencias. Sin embargo, al igual que tenemos distintos caracteres, también tenemos distintas percepciones del deseo. No todas disfrutamos y necesitamos lo mismo, así que hay que buscar un equilibrio acorde con nuestra personalidad. La medida del deseo solo define las ganas de tener relaciones, pero no su calidad. Una mujer puede tener siempre muchas ganas de sexo, y tener una vida sexual nefasta o, por el contrario, apenas tener deseo sexual, pero saber gestionarlo y disfrutar de las relaciones sola o en compañía. La diferencia es evidente.

Cuando comparamos nuestro deseo con el de las demás, estamos buscando una enfermedad donde no la hay y quizá acabemos medicalizando en exceso. Según los criterios del *DSM-5* (el sistema de clasificación de trastornos que usan los psiquiatras), para considerar que hay un trastorno del interés y de la excitación sexual (es como se llama hoy al deseo sexual hipoactivo), hay que constatar objetivamente una falta de interés en la actividad sexual, una ausencia de pensamientos y de fantasías sexuales y una falta de respuesta a la estimulación sexual. Si esto te ocurre durante más de seis meses y afecta a tu vida, entonces sí que se considera un problema, que debe tratar un psicólogo o un psiquiatra. Para las demás, que somos la mayoría, quizá lo que voy a contar te ayude, al cambiar el paradigma de asociar el sentir deseo como condición imprescindible para tener relaciones sexuales.

¿Cuánto deseo es normal?

¿Te has parado a pensar cuánto deseo es normal para ti? ¿Cuántas veces necesitarías tener ganas de relaciones para sentirte bien?, ¿una vez por semana, dos, quizá tres? ¿Por qué crees que esas ganas son necesarias para iniciar las relaciones?, ¿te lo han dicho o de verdad es así? Sigamos investigando.

Hablemos del deseo de andar por casa

El deseo o la libido femenina, tal como acabamos de decir, es el impulso que nos lleva a tener relaciones sexuales. La palabra impulso parece indicar algo espontáneo e incluso impetuoso, es decir, yo estoy aquí tan tranquila escribiendo esto, subiendo escaleras o cepillándome los dientes y, de repente, me entran unas ganas terribles de sexo. ¿Crees que esto es real? ¿Crees que es lo que nos pasa a la mayoría de las mujeres en la menopausia? No es así. La verdad es que las mujeres somos más que un impulso y que sintamos deseo depende de determinadas circunstancias. De hecho, a veces, anulamos ese impulso porque en este periodo vital tener ganas de sexo interfiere con todo lo que tenemos en la cabeza, que por lo general no es poco. Es como si estuviéramos continuamente frenando el deseo sexual.

Por otra parte, ¿crees que ese deseo surge de igual forma si tienes pareja o no, si te va bien con tu pareja o no, o si llevas un mes o diez años con la misma persona? La respuesta es obvia: no, no es lo mismo en cualquiera de estos supuestos.

Por tanto, si el deseo no es igual para todas, no lo gestionamos del mismo modo y su ausencia nos repercute de diferente manera en la calidad de vida, lógicamente no va a tener una única solución mágica con una pastillita, que parece que es lo que todo el mundo quiere. Alerta, *spoiler*: hoy en día, no existe un tratamiento para el deseo sexual bajo de las mujeres sin efectos secundarios. Punto y aparte.

Hablemos de eso, hablemos de sexo

Desde la publicación en 1966 de *Human Sexual Response* [La respuesta sexual femenina], de Masters y Johnson (seguro que te suena esta pareja), se empezó a analizar científicamente lo que ocurría en el cuerpo de la mujer durante las relaciones sexuales. Hasta entonces, ni se planteaba, pues a las mujeres se las consideraba un objeto pasivo; es decir, si querían tener relaciones y si les gustaban, no importaba porque estaban supeditadas a lo que su pareja deseara y para ellas el único objetivo del sexo era la reproducción.

Sin embargo, estos autores tuvieron la osadía de estudiar qué ocurría desde el punto de vista fisiológico durante las relaciones sexuales en las mujeres y encontraron una respuesta o proceso lineal, es decir, una respuesta secuencial de distintas etapas. Primero, describieron la excitación, en la que se aprecia un aumento de la lubricación y de la vascularización de la vagina y del resto del cuerpo, es decir, cambios fisiológicos. A continuación, acontece una meseta, en la que se estabilizaban los parámetros analizados hasta llegar al orgasmo, el objetivo o momento culmen, que se refleja orgánicamente con un registro de contracciones espasmódicas de los músculos de la zona genital y pélvica. Tras esto, ocurre la resolución o recuperación, necesaria para volver a experimentar esos cambios. Todo muy fisiológico y estructurado, como ves.

Este estudio abrió un campo para la investigación de la sexualidad femenina. Así, en 1979, si bien Kaplan reconoció los estadios descritos por Masters y Johnson, empezó a hablar de un concepto diferente: el deseo o motivación para empezar con todas estas fases, y esto no puede medirse, pues es psicológico. Interesante, ¿no? Ya vamos entendiéndonos mejor.

No obstante, para mí, el gran descubrimiento fueron las publicaciones de la doctora Rosemary Basson, la cual en 2002 afirmó que la mayoría de **las mujeres que tenían una respuesta sexual satisfactoria piensan en el sexo pocas veces o nunca.** ¿Cómo te quedas? Basson cambió la descripción lineal de la respuesta sexual por otra **circular** y diferenció incluso la respuesta que se daba en las relaciones recientes de aquella en las relaciones estables. Esta psicóloga entendía el proceso como un círculo en el que puedes entrar en cualquier momento, sin necesidad de pasar por la fase de excitación. Esto es el deseo reactivo. No pasa nada por empezar las relaciones sin estar excitada por creer que lo necesitas o para cuidar a tu pareja si sabes que durante el acto aparecerá el deseo y lo pasarás bien. La primera vez que oí hablar de la teoría circular del deseo sexual de Basson fue de la mano de la doctora Francisca Molero, reconocida sexóloga, y me vi superreflejada en ella. Este modelo explicaba muy bien mi situación entonces y me di cuenta de que entender este modelo y dárselo a conocer a mis pacientes ayudaría a muchas de ellas, pues se trataba de cambiar ideas erróneas. Vamos allá.

Según nuestra educación, tener sexo sin ganas, incluso con tu pareja, es como ser una meretriz (con todos mis respetos a estas señoras), pero la cosa cambia al introducir el concepto de intimidad, un término que me encanta. La intimidad se entiende como eso que sientes por tu pareja de años, una sensación de complicidad y de lealtad (que diferencio de la fidelidad) que te aporta seguridad en la relación. Por tanto, es el momento de que te plantees si sientes intimidad con tu pareja. Si notas falta de deseo, cuestiónate primero cómo va tu relación de pareja más allá del sexo. Plantéate si hay algo que justifique esa pérdida de deseo, porque va a ser difícil que tengas ese impulso en una relación que no te satisface en otros aspectos. Si esa parte no es el problema que percibes, sigue leyendo.

Un ejemplo que suelo poner al hablar de la falta de deseo no patológica en una pareja es describir una situación por la que creo que todas hemos pasado alguna vez. Es un sábado lluvioso y estás en casa muy cómoda, pero te llaman tus amigas para ir al cine y a cenar. Pones excusas, pero ellas insisten y, por no discutir, te arreglas y sales sin ganas, pues son tus amigas, las quieres y no te gustaría hacerles un feo. Sin embargo, resulta que, aunque sales sin ganas, casi a la fuerza, te lo pasas genial, disfrutas de la película y encima la tertulia en la cena es divertidísima y los dos margaritas que te tomas te sientan fenomenal. Llegas a casa a las tres de la madrugada, agotada, pero con una sonrisa en la cara. Te suena, ¿no? Pues eso es algo parecido a empezar las relaciones sexuales sin ganas, sin esperar mucho, pero sabiendo que al final vas a disfrutar porque es tu pareja, hay amor y tenéis intimidad. De hecho, al acabar pensarás «¿Por qué no lo hago más a menudo?». Eso quizá te lleve a preguntar sobre el deseo a tu gine en la próxima revisión. Si este es tu caso, tranquila, no estás enferma.

No obstante, durante la etapa menopáusica podemos encontrarnos en otra situación. Quizá no tengas pareja o acabes de empezar una relación que te tiene ilusionada. En estos supuestos, ni te plantees la falta de deseo sexual. Y es normal.

Si estás leyendo este capítulo, quizá sientas curiosidad, pero de entrada ya tienes la motivación para intentar mejorar. Ya ves que, para sentir deseo, primero debes estar motivada.

¿Qué tienen que ver las hormonas en todo esto?

Partimos de una base física y las hormonas aparecen de nuevo como las estrellas de nuestra vida. Sabemos que, durante la etapa fértil, los estrógenos aumentan durante el pico ovulatorio, a mitad del ciclo menstrual, que es cuando más deseo hay, al igual que se produce una subida de testosterona, la hormona que más influye en el deseo sexual (como es evidente, biológicamente estamos programadas para reproducirnos). El nivel de testosterona depende del de la proteína que la transporta, la globulina fijadora de hormonas sexuales (SHBG, por sus siglas en inglés). Si el nivel está alto, es decir, si hay mucha SHBG, la testosterona está menos libre y tiene menos efecto. Por ello, hoy en día, más que los niveles de testosterona, se miden los niveles de SHBG, pues, cuanta más hay, menor es el deseo sexual.

Por otra parte, también importan los niveles de dopamina, oxitocina y prolactina. La dopamina es la hormona de activación, la que nos lleva a buscar el placer; la oxitocina es la hormona del apego, y la prolactina es la encargada de inhibir la dopamina y, por tanto, el deseo. Por eso, durante la lactancia (una situación en la que sube el nivel de prolactina para estimular la producción de leche materna), hay una pérdida temporal y fisiológica del deseo. En la menopausia, la falta de deseo sexual se debe a la bajada de los estrógenos y la repercusión cerebral que tiene esto.

No obstante, las mujeres somos complejas y no solo dependemos de las hormonas: en el deseo también influyen, y mucho, los aspectos socioculturales. Como la idea predominante en nuestra sociedad es que la menopausia supone el fin de la etapa reproductiva y que las mujeres ya no somos objeto de interés sexual, parece lógico deducir que ya no tenemos deseo y que nuestro único interés es cuidar nietos o familiares enfermos. **Nos volvemos invisibles**.

Aprender a levantar el pie del freno del deseo

En nuestra vida diaria, estamos siempre frenando cualquier impulso sexual. El deseo es un mecanismo complejo que me gusta comparar con el tablero de mandos de un avión: un montón de palancas y botones que deben estar perfectamente coordinados para cumplir su función. En los hombres, en cambio, veo un mecanismo más sencillo: un simple botón de encendido y apagado. Y eso es biología, sin más. A ellos les pones una imagen de una mujer desnuda y ya sienten deseo. Nosotras no: pensamos más, analizamos la imagen, sacamos conclusiones, consideramos qué tenemos que hacer, nos preguntamos si hemos cerrado con llave o si quedan tomates en la nevera, si nos hemos depilado y si llevamos ropa interior bonita. Es decir, tenemos constantemente un pie puesto en el freno del deseo.

Quizá alguna vez te haya pasado que te levantas pensando que ese es el día, que igual tienes relaciones y, además, te apetece. Pasas toda la jornada fantaseando, dejas las tareas hechas (importante, ¿verdad?), te arreglas, te pones tu ropa interior de diva y le lanzas miraditas y señales a tu pareja por si no lo pilla, para que se vaya preparando. Pero, llegado el momento de la verdad, te acuerdas de que no has comprado la cartulina para la tarea del cole de los niños o de que hay que arreglar la lavadora, o tu pareja tiene la ocurrencia de pellizcarte la lorcita del abdomen (lo que ha puesto tu foco mental en tu aspecto físico), y de repente, ¡plaf!, todo el esfuerzo del día a la basura. Entonces, te retraes y buscas cualquier excusa («Estoy cansada», «Me duele la cabeza», «Mañana tengo que madrugar», etc.). Seguro que esto que te cuento lo has vivido alguna vez, pues es muy habitual. **No somos raras, somos complejas.**

Aprender a levantar el pie del freno del deseo es lo que debemos trabajar.

Cómo aumentar el deseo

Ya te he adelantado que no hay una solución mágica e instantánea para sentir deseo, ni siquiera un viagra femenino que nos ponga en marcha. Puedes leer estudios del desarrollo de diferentes productos para ello (curioso que muchos sean antidepresivos), pero todos tienen efectos secundarios y, además, solo han demostrado aumentar las ganas de tener relaciones una vez más al mes. Está claro que por una relación sexual más al mes no compensa pasar por los efectos secundarios. Tampoco hay pruebas científicas de que los productos que se venden como milagrosos y naturales funcionen, más allá de la motivación que ya tienes si estás comprando algo para potenciar el deseo, y ya te he explicado antes que la motivación de por sí ya mejora el deseo.

Vayamos por partes. Antes de volvernos locas buscando una solución mágica, tengamos en cuenta otros aspectos de nuestra vida que quizá nos estén haciendo pisar el freno del deseo.

Primero, analiza tu salud. Si una amiga te preguntara cómo te sientes, ¿qué le dirías? ¿Te consideras sana? ¿Cuándo comprobaste por última vez tus niveles de glucosa, colesterol, tiroides, vitamina D y hierro? ¿Y cuándo te tomaste la tensión arterial? ¿Te sientes fuerte? ¿Eres capaz de levantarte de la silla sin apoyarte? ¿Puedes subir una maleta al altillo? ¿Subes las escaleras sin fatigarte en extremo? ¿Tomas medicación para alguna enfermedad crónica? ¿Sigues un tratamiento para la ansiedad o la depresión? ¿Duermes bien y te levantas descansada? ¿Fumas? ¿Bebes alcohol habitualmente? Tu estado de salud influye en el deseo, pues, si tu cuerpo está estresado o enfermo, no va a querer gastar energía en tener relaciones sexuales.

Por supuesto, si la falta de ganas va asociada al miedo a las relaciones porque sientes dolor, acude primero a tu gine para que descarte cualquier problema físico. Como hemos visto, en esta etapa vital, la sequedad vaginal produce el síndrome genitourinario de la menopausia, y el liquen escleroso vulvar lleva asociados dolores o molestias durante las relaciones. Muchas veces, esos síntomas mejoran con una adecuada terapia local con hialurónico, estrógenos o prasterona, o incluso con láser vaginal. También facilita las cosas un buen lubricante en la entrada de la vagina al empezar las relaciones. Y aquí debo hacer hincapié una vez más en que no has de confundir lubricante con hidratante, para lo que te remito al capítulo 5, donde explico el síndrome genitourinario de la menopausia.

Otro aspecto por cubrir es la salud mental y el nivel de estrés. Por eso, pregúntate cómo te sientes de ánimo. ¿Tus hijos no te dan mayores disgustos que algún suspenso o llegar tarde? ¿Tienes problemas con tus hermanos por ver quién se encarga de cuidar a vuestros padres? ¿Hay algún problema económico que te preocupe? Está claro que, si algo falla aquí, lo último que te apetece es tener relaciones sexuales, y en este caso puede ser más complejo resolver la falta de deseo sin ayuda.

Si has llegado hasta este punto y llevas más o menos bien estos temas (ninguna vida es perfecta), no tienes problemas con tu pareja y sientes que podrías intimar más de lo que lo hacéis porque, aunque empiezas sin ganas, luego disfrutas de la intimidad y lo pasas genial, entonces, amiga, debes entrenar el deseo.

Cómo entrenar a mi dragón (perdón, a mi deseo)

La estimulación con fantasías sexuales suele ser lo que mejor resultado da a corto plazo ante la pérdida del deseo sexual. Somos capaces de montarnos toda una película en la cabeza con escenario, vestuario y banda sonora incluida, pero tenemos que motivarnos a querer tener esas fantasías. Las lecturas eróticas son un afrodisiaco importante para las mujeres. Este género literario, que se ha intentado degradar llamándolo «porno para mamás», debe ser considerado y respetado. La mayoría de los libros del género están escritos por mujeres y reflejan situaciones que a todas nos encantaría pasar (¿alguna por aquí que no quiera que la lleven en helicóptero a cenar a París?). La verdad es que seguro que somos capaces de ponerle alguna pega, como la hora de vuelta si al día siguiente se trabaja o si el helicóptero cumple con las emisiones establecidas de CO_2. El argumento de esos libros quizá no te interese mucho, pero la descripción de escenas de sexo con todo lujo de detalles, así como de las sensaciones de la protagonista, es un motor para alimentar el deseo. Si no lo has hecho aún, te animo a que, en la mesilla de noche, al lado del lubricante, tengas un libro erótico. Creo que es lo que mejor funciona para aumentar el deseo, y encima sin efectos secundarios, más allá del acaloramiento.

Habla con tu pareja, que facilite el encuentro susurrándote al oído alguna cosilla, rozándote al pasar, mandándote un mensaje picante al móvil...; vamos, unos preliminares en toda regla. Que luego todo esto acabe en sexo es lo de menos, el ratito bueno que habréis pasado no os lo quita nadie.

Pasado este nivel, una vez que hemos logrado estar motivadas y hablar de lo que nos gusta y lo que no con nuestra pareja (también puede dar su opinión), ha llegado el momento de probar cosas o posturas nuevas. No tengas miedo a usar juguetes sexuales con tu pareja. Este tema me interesa mucho, pues afortunadamente el mundo de los juguetes sexuales ha cambiado, y para bien. Antes, parecía cosa de depravación y lujuria. Además, la imagen de un pene de plástico vibrando cerca de nuestra vagina no parecía nada agradable ni tentador. Hoy en día, estos objetos hasta son bonitos y elegantes. Se hacen con silicona médica y tienen un tacto muy suave y agradable. Se pueden comprar por internet y llegan en un envase discreto. El estimulador de clítoris y los vibradores con distintas formas y tamaños deberían estar en tu neceser básico.

Yo suelo recomendar estos productos, sobre todo, para estimular el suelo pélvico y mantenerlo activo, dado que la vibración interna y externa mejoran la vascularización de la zona. Además, si tu pareja es un hombre, es una manera elegante de ayudarlo en las relaciones en caso de ser necesario, pues, si antes hablamos de problemas de sequedad vaginal, ellos también pueden tener problemas de erección (dicho esto, en ocasiones tendrás que plantearte si frenar tu deseo se debe a que él lo pasa un pelín mal por miedo a no estar a la altura). En este caso, usar juguetes os puede ayudar a ambos. Además, las relaciones van más allá de la penetración y es un incentivo divertirte con tu pareja como más os apetezca.

Descarta la idea de que el sexo debe surgir espontáneamente y no olvides anotar en tu agenda tu día especial con tu pareja, al igual que apuntas una cita con el médico o el día de ir al súper. El sexo programado es sexo, al fin y al cabo. Crea tensión sexual con tu pareja con mensajes picantes, roces o caricias. El deseo hay que trabajárselo.

Recuerda que el deseo es libre y tú marca los límites. Levanta ya el pie del freno y deja de buscar excusas. Este capítulo no va a hacer que tengas tres relaciones sexuales por semana, pero, si te ayuda a motivarte un pelín, pues eso que tienes ganado.

Para recordar

- La disminución del deseo sexual o la falta de este es algo habitual en la menopausia.
- El deseo no tiene medida y es muy personal. Es normal que disminuya con la edad y en una relación estable. No hay que buscar una enfermedad donde no la hay.
- Si la pérdida del deseo afecta a la calidad de vida, hay que pedir ayuda.

- La teoría circular o del deseo reactivo de Basson supone un nuevo enfoque: en una relación de intimidad, es posible empezar una relación sexual sin deseo, que puede aparecer durante esta en cualquier momento.
- La medicación existente para el trastorno del deseo sexual no aumenta en demasía el número de veces que se tienen relaciones con ganas y presenta efectos secundarios.
- En aquellos casos en los que la falta de deseo no supone un problema serio, y tras descartar una enfermedad orgánica, la situación mejora con lecturas eróticas, sexo programado o juguetes sexuales.

Las preguntas más frecuentes de mis pacientes

¿Por qué no tengo ganas de sexo?

Porque estás cansada y tu energía se va a otro lado. Tu cerebro está en modo supervivencia y, para él, el sexo es lo de menos. Las mujeres somos muy complejas y no perdemos el deseo por una causa aislada. Estimula tu imaginación fantaseando con situaciones eróticas o leyendo libros de porno suave, usa lubricantes y no dudes en recurrir a la terapia hormonal. La comunicación con tu pareja es importantísima, pues también experimenta cambios. Solo debéis dedicaros tiempo (incluso programar citas, como si fuerais jóvenes) y reorganizaros.

Y el sexo no solo es penetración; son miradas, caricias, masajes, juegos y juguetes sexuales.

¿Cómo aumento mi libido en la menopausia?

Esta pregunta tiene trampa, pues no existe un tratamiento mágico en pastillas para solucionar un tema tan complejo como la disminución del deseo sexual. Hay plantas que ayudan, como el fenogreco o la maca, pero no mucho más que el placebo, aunque cuentan con muy buenas campañas de marketing. La terapia hormonal de reemplazo, sobre todo a base de tibolona, mejora el ánimo y aumenta el impulso sexual, aunque no te hagas muchas ilusiones. Para nosotras, no existe un viagra que nos encienda el deseo, como ocurre con los hombres, aunque reconocer lo que nos pasa y hablarlo con nuestra pareja e intentar buscarle una solución si nos afecta en el día a día ya es dar un paso para superarlo.

10

¿Por qué me duelen los huesos? El sistema esquelético

La abuela parecía tan frágil.
Su cuerpo estaba doblado y encorvado,
y su piel, arrugada y fina como el papel.
Le dolían los huesos, y su andar era lento y tambaleante.
Pero en su mirada había una fuerza y una sabiduría
que venían de muchos años de vida y experiencia.

La abuela, **Jennifer Worth**

En la fase de transición a la menopausia y en la menopausia, es muy habitual el dolor de huesos, que lleva a pensar en una posible osteoporosis, pero, por curioso que resulte, este no es un síntoma propio de esta enfermedad, salvo que se haya producido una fractura. Los dolores óseos suelen deberse a la inflamación que se genera en las articulaciones, al perderse el efecto protector de los estrógenos en esta época vital. Pero vayamos por pasos.

La idea que tenemos del hueso es que está hecho de un material duro y rígido, pero en realidad es un tejido muy dinámico en continua renovación mediante el remodelado óseo. En este, actúan dos tipos de células: los osteoclastos, las células que se encargan de romper el hueso, y los osteoblastos, las células que se encargan de formar el hueso. El proceso de destrucción dura solo unas tres semanas, mientras que el de remodelación dura unos tres meses. El remodelado tiene lugar durante toda la vida de manera fisiológica y se activa por los microtraumas causados por el impacto del hueso durante los movimientos que realizamos. Este mecanismo tan dinámico está regulado por la paratohormona (producida por cuatro glándulas pequeñitas situadas al lado del tiroides, las paratiroides), que actúa dando la orden de destruir el hueso cuando percibe que la sangre lleva poco calcio, y por la calcitonina (producida en el tiroides), que es la que da la orden de formar el hueso cuando hay exceso de calcio en la sangre. En esta regulación, también intervienen unas proteínas, los factores de crecimiento, y para que tenga lugar son necesarios unos niveles adecuados de calcio, fosfatos y vitamina D.

Pero ¿qué es la osteoporosis?

La osteoporosis es una enfermedad sistémica que afecta a la densidad y a la calidad del hueso, que se vuelve menos resistente, por lo que será más frágil y se romperá más fácilmente, incluso ante una leve caída o golpe.

La calidad del hueso depende de que haya un equilibrio entre destrucción y regeneración, pues su formación es un proceso constante y, como ya he dicho, precisará de ciertos componentes, como calcio, vitamina D y fósforo. El calcio lo vamos acumulando en los primeros años de vida y contribuye a formar un hueso fuerte; de ahí la importancia de que tomemos una buena dosis de calcio en la infancia para tener reservas en la etapa adulta, que es cuando alcanza su máximo. En la menopausia, las mujeres presentamos una pérdida más acelerada de hueso que los varones por la caída del nivel de estrógenos, que hasta entonces frenaban a los osteoclastos (los que rompen) y favorecían a los osteoblastos (los que forman). Esta pérdida no es homogénea, sino que se produce primero en las vértebras (por eso las fracturas de vértebras son más frecuentes en la posmenopausia inicial) y, después, en los huesos largos, como la cadera (las fracturas propias de las menopáusicas mayores).

Además del nivel de estrógenos, hay otros factores que descalcifican el hueso, como el propio envejecimiento, enfermedades digestivas (alteran la absorción de nutrientes) o alteraciones hormonales (afectan al metabolismo del hueso), ya sean hematológicas (como una leucemia) o neoplásicas (como un osteosarcoma). También algunos medicamentos, como los glucocorticoides o los anticoagulantes, por lo que, si este es tu caso, has de saber que tienes un riesgo de osteoporosis mayor que otras mujeres de tu edad. El tabaco, el alcohol y la vida sedentaria tampoco ayudan a los huesos.

La osteoporosis es una epidemia silenciosa. Es una epidemia porque afecta a mucha población (hombres y mujeres) y es silenciosa porque no da síntomas hasta que un hueso se fractura. Se calcula que en España hay tres millones de personas con osteoporosis, pero solo dos de cada diez están diagnosticadas. Tremendo, ¿no? Si hablamos de mujeres en menopausia, un 12 % de las mayores de cincuenta años la tiene, porcentaje que asciende al 50 % a partir de los setenta. Recuerda que la osteoporosis no duele, por lo que, si notas dolor de huesos, lo normal es que sean las articulaciones y la causa sea otra (aunque evidentemente esto no es excluyente).

En la mujer menopáusica joven, la osteoporosis causa pequeñas fracturas en las vértebras que producen un acortamiento de la altura y a veces dolores de espaldas inespecíficos. A la larga, puede originar deformidades en la columna (la llamada «joroba de las viudas») y la caja torácica. Y, con los años, aumenta la posibilidad de fractura de cadera, algo grave, pues puede llevar a un deterioro de la calidad de vida y aumentar la dependencia en mujeres mayores de setenta años.

Quizá lo veas lejano, querida amiga,
pero has de tomar conciencia de lo importante
que es diagnosticar esta enfermedad a tiempo
para evitar sus consecuencias.

Cómo saber si se tiene osteoporosis

Esta pregunta es lógica después de leer lo de la falta de síntomas de la osteoporosis. Como decía antes, muchas mujeres piensan que tienen esta enfermedad porque notan dolor en las manos, muñecas o rodillas, pero el hueso no suele doler, sino las articulaciones.

Para descartar la osteoporosis, se mide la densidad mineral ósea (DMO), y eso puede hacerse mediante la absorciometría dual de rayos X (DXA, por sus siglas en inglés), la famosa densitometría ósea, una prueba radiológica muy segura en la que se compara la penetración de los rayos X a través del tejido blando y del hueso. Esta prueba no es dolorosa, se hace tumbada y consiste en medir la densidad del hueso en la zona de la columna y de la cadera. Se hace aquí porque el hueso de la cadera, el fémur, representa el hueso largo, cortical, y el de la columna, el hueso plano, trabecular, lo que supone una representación de todos los huesos del cuerpo. Esta prueba da el valor de los gramos de mineral por cm^2, que se compara con los que se espera que tenga una persona de treinta años sana. La diferencia respecto a ese valor es el T-score, que mide las veces que se desvía el valor de la muestra del valor medio estimado o esperado. Si es superior a -1, se considera normal, mientras que si está entre -1 y -2,5 hay osteopenia fisiológica (pérdida normal del hueso).

Según la OMS, tienen osteoporosis las mujeres con una densitometría ósea con un T-score por debajo de -2,5 (2,5 veces de desviación del valor de referencia). No obstante, aunque la densitometría sea normal, también se puede diagnosticar osteoporosis u osteopenia; por ejemplo, al tener más de cincuenta años y sufrir una fractura en la cadera, la columna, el húmero (el hueso del brazo) o el radio (un hueso del antebrazo): fracturas de fragilidad, aquellas que se producen ante un mínimo golpe. Creo que se entiende la diferencia entre romperse la cadera en un accidente de coche o al caerse de la silla. En este último caso, quizá los huesos no estuvieran lo bastante fuertes para soportar ese impacto.

No solemos ser conscientes de la importancia de la osteoporosis hasta que nos toca de cerca. Las fracturas de cadera, muy frecuentes en mujeres mayores de setenta años, suponen una mortalidad del 30% en el primer año, y para las que sobreviven supone una alteración en su funcionalidad. La calidad de vida es nuestro objetivo, pues queremos ser señoras mayores bien, ágiles e independientes. Este tema nos interesa, ¿no?

Factores que aumentan el riesgo de osteoporosis

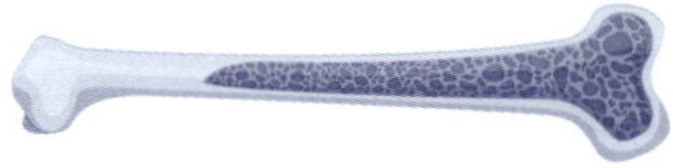

Estar en la **menopausia**, al perder el efecto protector de los estrógenos, ya supone un riesgo de osteoporosis, pero hay muchos factores que incrementan ese riesgo. Entre ellos, **el peso**, pues se ha visto que las mujeres con sobrepeso tienen menos posibilidades de padecer osteoporosis que las delgadas.

Otro factor que tener en cuenta es **el antecedente familiar**, sobre todo si han diagnosticado a alguno de tus padres con osteoporosis o han tenido una fractura de cadera tras un traumatismo leve, ya que tendrás más posibilidades de padecerla.

El tabaco no es bueno para nada, pero las mujeres que fuman tienen peor calidad del hueso. No creo que sea una sorpresa para ti leer esto.

El alcohol también perjudica a nuestros huesos porque inhibe los osteoblastos (recuerda, las células que forman el hueso) y altera el metabolismo del calcio, el fósforo, el magnesio y la vitamina D.

La falta de ejercicio debilita nuestra musculatura, y ya sabes lo importante que es tener los músculos fuertes para que protejan a nuestros huesos. En la menopausia y con el envejecimiento, se reduce la masa muscular (**sarcopenia**), por lo que se pierde la protección de nuestros huesos. De ello hablaremos en el capítulo 20.

Si padeces de **enfermedades hormonales**, como hipertiroidismo, hiperparatiroidismo o diabetes, las cuales favorecen la destrucción del hueso, debes mantener controlado el estado de estos.

Hay **fármacos** que contribuyen a la destrucción del hueso, como los glucocorticoides, los antiepilépticos, las hormonas tiroideas, el litio, los diuréticos o los inhibidores de la bomba de protones.

Si eres mujer y menopáusica, ya de por sí la salud de tus huesos puede verse muy afectada. Si además le añades dos de los factores de riesgo que te acabo de referir, deberías valorar el estado de tus huesos mediante una densitometría.

Prevención de la osteoporosis

Adivina qué te voy a decir primero. ¡Pues claro! Ejercicio. El consejo más repetido es que lo practiques con regularidad, pero no cualquier tipo, sino ejercicio de fuerza. Además, añado a esta recomendación que te decantes por aquellas disciplinas que mejoren el equilibrio, como el taichí.

Y, por supuesto, ten hábitos de vida saludable. Deja el tabaco si fumas y evita el alcohol o reduce su consumo.

Los suplementos de calcio y vitamina D ayudan al correcto funcionamiento del metabolismo óseo, por lo que, si no los tomas con la dieta, quizá te hagan falta.

Voy a hablarte de los suplementos con más detalle.

Calcio

El calcio es el mineral más abundante en nuestro organismo y el 99 % está en los huesos y en los dientes en forma de hidroxiapatita. Se encarga de darle resistencia al esqueleto, además de ser una reserva para las necesidades de calcio del resto de las células del cuerpo. El calcio que no está en los huesos participa en otras funciones vitales muy importantes, como la contracción de los músculos, la conducción nerviosa y la coagulación de la sangre.

La mayoría del calcio que ingerimos se elimina con las heces y otra parte por la orina, de ahí que necesitemos tomar una determinada cantidad diaria de calcio en la dieta.

Cuando no disponemos de bastante calcio, se estimula la hormona paratiroidea (PTH, por sus siglas en inglés). Esta hormona va al riñón y le da la orden de reabsorber el calcio que este pretendía eliminar por la orina. La PTH también manda una orden al hueso para favorecer su destrucción a fin de que libere el calcio y que este vaya a la sangre, con el objetivo de compensar las deficiencias.

Se estima que necesitamos ingerir en la dieta unos 1.000 mg/día de calcio, pero en la menopausia las necesidades suben a 1.200 mg/día. Si bien el calcio siempre se ha asociado al consumo de lácteos (queso, leche, yogur…), si estos no te gustan o eres intolerante, puedes conseguirlo tomando otros productos con mucho más calcio, como los pescados que se comen con la espina (sardinas en lata, anchoas, boquerones…), frutos secos, verduras y legumbres. Ya ves, la dieta mediterránea otra vez por en medio.

Vitamina D

La vitamina D está de moda, curiosamente, porque se ha visto que muchísima población la tiene baja. En España, sorprende este dato, pues somos uno de los países con mayor exposición a la luz solar, pero eso mismo es lo que nos lleva a evitar el sol cuando está más alto, que es cuando mejor se activa la vitamina D. El uso habitual de fotoprotectores tampoco ayuda. Está claro que necesitamos unos niveles adecuados de vitamina D a la vez que evitamos el riesgo de padecer cáncer de piel. Veamos a qué se debe esa necesidad de exponerse al sol para contar con vitamina D suficiente.

La vitamina D la obtenemos en un 90 % por la acción directa del sol en la piel, mientras que por la dieta solo adquirimos el 10 %. En la actualidad, esta se considera un complejo hormonal, pues es capaz de actuar en distintos órganos y a distancia (algo que caracteriza a las hormonas). En la piel, la encontramos en la capa grasa en forma de provitamina D, que se activa gracias a la exposición a la luz ultravioleta del sol. No obstante, no vale con exponerse al sol de cualquier manera, sino que su incidencia ha de ser perpendicular sobre la piel limpia y sin protector, lo que ocurre entre las 12:00 y las 16:00 horas, que es justo cuando los dermatólogos aconsejan huir del sol y la mayoría de la gente está encerrada trabajando, por lo que parece difícil conseguirlo. Otros factores que influyen en la activación de la vitamina D son la edad, el fototipo de piel (en España, el más abundante es el III; es decir, gente blanquita en invierno que se pone morena en verano), el tiempo de exposición y la superficie expuesta.

Una vez activada por el sol, la provitamina D de la piel se transforma en colecalciferol, que viaja hasta el hígado, donde se transforma en 25OH-colecalciferol gracias a los ácidos biliares de la vesícula. Del hígado, sale como calcifediol y va al riñón, donde se transforma en calcitriol, la forma activa de la vitamina D. Ya ves que es un proceso muy largo y complejo.

La vitamina D es muy necesaria en muchos procesos, pero el más conocido es aquel gracias al cual se absorben en el intestino el calcio y el fosfato, imprescindibles en la formación de los huesos.

Sin embargo, la vitamina D no solo es importante para los huesos, sino que también es un inmunomodulador, es decir, un agente que mejora las defensas y nos protege frente a enfermedades inmunológicas, como la artritis reumatoide y el lupus, e incluso hay estudios que confirman que es capaz de disminuir el riesgo de cáncer de mama, colon o próstata y del linfoma de Hodgkin. Quizá recuerdes que durante la pandemia se estudió su efecto protector frente al virus de la covid.

Asimismo, la vitamina D mejora la función de los músculos, por eso su déficit puede originar cansancio y debilidad muscular. Ya ves que no siempre la falta de sueño o la anemia son las responsables de estos síntomas.

El nivel que se considera adecuado de vitamina D es aquel por encima de 25 ng/ml, aunque actualmente es controvertido, pues las técnicas de detección varían mucho, pero en la menopausia se ha estimado que unos niveles de 30-50 ng/ml serían los ideales para mantener todas sus funciones.

¿Qué te ocurrirá si tienes baja la vitamina D? En primer lugar, tu intestino no podrá absorber bien el calcio ingerido mediante la dieta o suplementos, y eso mandará un aviso a las paratiroides (las glándulas al lado del tiroides), que producirán más hormona paratiroidea, la cual llegará al hueso para darle la orden de destruirlo con el fin de recuperar el calcio faltante. Sin embargo, si mantienes unos niveles óptimos de vitamina D, el calcio se absorberá con normalidad y no será necesario dar la orden de destruir hueso.

Hoy en día, se comercializan dos tipos de vitamina D: colecalciferol y calcifediol. El colecalciferol actúa acumulándose primero en el hígado, por lo que quizá tarde más en subir el nivel de vitamina D en la sangre. Por su parte, el calcifediol pasa directamente a la sangre y se transforma en vitamina D activa en el riñón. Con este último, sube muy rápidamente el nivel de vitamina D en la sangre, pero también baja muy deprisa al dejar de tomarlo. Elegir una opción u otra depende de lo que el médico considere más eficaz en cada caso. Particularmente, soy más partidaria del colecalciferol, pues garantiza que la vitamina D intervenga en todos los procesos metabólicos del organismo, ya que se almacena en el hígado y se va transformando según se necesite. También nos planteamos si darla diaria o mensual. Tomarla cada día es más fisiológico, pero también supone mayor posibilidad de incumplimiento. Si necesitas suplementación de vitamina D, habla con tu médico sobre las opciones más convenientes según tu estilo de vida.

La dosis de calcio recomendada en la menopausia es de 1.000-1.200 mg/día y la de vitamina D es de 800-1.000 UI/día. Lo ideal es adquirirlas por la dieta sin recurrir a suplementos, pero si hay que escoger uno, sin duda sería la vitamina D.

Tratamiento de la osteoporosis

La osteoporosis inicialmente no causa ningún síntoma llamativo, por lo que muchas veces se decide no medicarse o abandonar el tratamiento por miedo a los efectos secundarios, algo que por desgracia veo a diario en la consulta. Es un error muy común y quiero que entiendas por qué.

Antes, las publicaciones científicas solían debatirse en foros adecuados y las conclusiones a las que se llegaban eran las que se pasaban a la prensa para informar al público en general. Sin embargo, con internet, tenemos acceso a información inmediata y muchas veces sin filtro, pero el que no sabe lo que busca no entenderá lo que encuentra, y en numerosas ocasiones las interpretaciones erróneas generan alarma.

Uno de los miedos más comunes a seguir un tratamiento (sea cual sea) es la posibilidad de padecer osteonecrosis mandibular (una destrucción del hueso de la mandíbula), algo que incluso muchos colegas médicos y odontólogos advierten a las pacientes. Esta es una complicación muy rara que puede ocurrir al usar antirresortivos (tratamientos que evitan la destrucción del hueso), aunque es más frecuente en varones tratados oncológicamente, pues toman el doble de la dosis que una mujer con osteoporosis. Y ese no va a ser tu caso. Si estás en la posmenopausia y sufres osteoporosis, tienes más posibilidades de fracturarte la cadera y de que tu calidad de vida se vea afectada (le sucede a seis de cada diez mujeres) que de padecer osteonecrosis mandibular secundaria a tu medicación (le sucede a una de cada diez mil mujeres). Es cuestión de valorar riesgos y beneficios, y con esta enfermedad está muy claro. Otro miedo es sufrir una fractura atípica de los huesos al abandonar el tratamiento. Este problema se ha descrito cuando se lleva mucho tiempo en tratamiento, pero se soluciona cambiando de medicación o alternándola. Quiero transmitirte que la medicación es segura, por lo que no la abandones si tienes osteoporosis. Si te surgen dudas o notas síntomas que creas asociados a esta, coméntaselo a tu médico y discute con él las alternativas.

El tratamiento de la osteoporosis es crónico y no debes dejarlo a menos que te lo indique tu médico para seguir unas vacaciones terapéuticas, un periodo de tiempo sin medicación.

Otra idea errónea es pensar que no puedes hacer ejercicio si tienes osteoporosis, algo que has de descartar ya, aunque por supuesto este debe ser adaptado y guiado por un profesional. Recuerda que los músculos protegen los huesos, por lo que hacer ejercicios que refuercen los músculos será de gran ayuda.

Medicamentos para la osteoporosis

Existen dos tipos de tratamiento: con osteoformadores y con antirresortivos (los que disminuyen la destrucción del hueso).

Los más usados son los antirresortivos, sobre todo en estadios iniciales. En este grupo, se incluyen los bifosfonatos (alendronato, risedronato, ibandronato y zoledronato), una serie de medicamentos que inhiben la destrucción del hueso. Está demostrada su seguridad y eficacia (reducen a la mitad la posibilidad de fractura), aunque su principal inconveniente es la forma de administración: hay que tomarlos en ayunas con un vaso de agua en posición erguida y mantenerse sin comer nada en los treinta minutos siguientes, evitando además tumbarse. Entre sus efectos secundarios, destaca la irritación de la mucosa digestiva. No obstante, actualmente, hay formatos gastrorresistentes que evitan la toma en ayunas y lesionan menos la mucosa digestiva. Pueden tomarse diaria, semanal o mensualmente y su administración puede ser oral e intravenosa, que busca una mejor adherencia del tratamiento. El mayor problema es conseguir que se tomen, porque, si la osteoporosis no causa síntomas, tiende a creerse que no se necesita medicación. He de recordarte que estos tratamientos previenen las fracturas, por lo que es una inversión a largo plazo en la salud.

Otro tratamiento muy usado es el denosumab, un anticuerpo monoclonal que actúa inhibiendo la señal que hace que se formen los osteoclastos (las células que destruyen el hueso). Tiene la ventaja de que se administra con una inyección subcutánea cada seis meses y no precisa ayuno ni estar de pie. No obstante, como no existe un medicamento ideal, tras suspender su uso, se han descrito fracturas vertebrales múltiples. Este problema se soluciona tomando un bifosfonato al menos durante un año tras dejarlo. Es decir, el denosumab logra que el hueso esté fuerte y el bifosfonato lo sella para que se mantenga así. Sus efectos secundarios más frecuentes son infecciones urinarias y respiratorias, cataratas, estreñimiento y dolor articular.

Por otra parte, están los moduladores selectivos de los receptores de estrógenos (SERM, por sus siglas en inglés), como el bazedoxifeno y el raloxifeno, que disminuyen la posibilidad de fracturas vertebrales y cáncer de mama. Se trata de una buena alternativa para aquellas mujeres que no pueden tomar bifosfonatos, aunque no deben administrarse si se tiene riesgo de trombosis. Entre sus efectos secundarios están los sofocos y los calambres los primeros meses, lo que puede resultar molesto y llevar al abandono de la medicación. Se toman diariamente por vía oral. La combinación de bazedoxifeno y un estrógeno resulta eficaz para tratar los sofocos y la osteoporosis.

Asimismo, existe la terapia hormonal de la menopausia, curiosamente el primer tratamiento usado para prevenir la osteoporosis ya en 1940, al demostrarse que la caída de estrógenos favorecía esta enfermedad. No se indica como única opción, pero sí para prevenir fracturas y pueden seguirlo mujeres con menopausia reciente sin contraindicaciones médicas.

Entre los medicamentos formadores de hueso, está la teriparatida, que imita a la paratohormona, neutralizando su acción destructora de hueso y favoreciendo la formación de este, por lo que es un inductor óseo. Se administra diariamente mediante inyecciones subcutáneas. Su uso se reserva para pacientes mayores en las que no han funcionado las otras opciones. A veces, se alterna con bifosfonatos.

El objetivo de cualquiera de estos tratamientos es lograr una densitometría con un T-score de -1,5 (un nivel normal) para garantizar una buena recuperación del hueso.

El tratamiento para la osteoporosis es crónico y secuencial: se van alternando terapias en función del tiempo y las necesidades, pero este se abandona en muchas ocasiones, lo que hace que disminuya su efecto.

Si padeces osteoporosis, además de tomar la medicación, hacer ejercicio, mantener unos niveles de calcio y vitamina D adecuados, cuidar la alimentación y evitar el alcohol y el tabaco, **evita todo lo que te pueda hacer tropezar** en tu entorno, como las alfombras, las superficies resbaladizas o llevar calzado que no esté bien sujeto al pie. Asimismo, es recomendable que cuentes con agarres en el baño y quizá con un sistema de iluminación nocturno para no tropezar. Esta información también es válida para tus padres o abuelos.

Me gustaría que seas consciente de que la osteoporosis es una enfermedad crónica (aunque en nuestro país aún no está reconocida como tal) y silente, pero muy incapacitante, por lo que **la prevención es importante**.

Para recordar

- La osteoporosis es la pérdida de la calidad y resistencia de los huesos.
- Afecta al 35 % de las mujeres mayores de cincuenta años y al 60 % de las mayores de setenta.
- Unos niveles adecuados de calcio, fósforo y vitamina D son imprescindibles para la correcta formación de los huesos.
- El sedentarismo, al tabaco, el alcohol, la menopausia, la edad, los antecedentes familiares, determinadas enfermedades y los fármacos aumentan la posibilidad de padecer osteoporosis.
- La osteoporosis es una epidemia silenciosa y es responsable de la pérdida de calidad de vida de muchas personas.
- Existen tratamientos eficaces para la osteoporosis que se pueden alternar en el tiempo.
- Practicar ejercicio, seguir una dieta rica en calcio y vitamina D y evitar el tabaco y el alcohol son las recomendaciones generales para prevenir la osteoporosis o tratarla.

Las preguntas más frecuentes de mis pacientes

¿Qué riesgo tengo de padecer osteoporosis y qué puedo hacer para evitarlo?

Depende de la reserva ósea que hayas generado en tu infancia y juventud, si eres fumadora, si tus padres han padecido osteoporosis, si practicas ejercicio y tus niveles de vitamina D. La densitometría es la prueba que indica la densidad de hueso. Cuando es muy baja, hay osteoporosis, pero existe un grado intermedio: la osteopenia. Hacer ejercicio de impacto, tomar suplementos de calcio y vitamina D si la analítica indica déficit y seguir los consejos de tu médico te ayudará.

¿Cuánto tiempo debo tomar vitamina D?

Si tu nivel de vitamina D es muy bajo, una vez normalizado, tendrás que seguir tomándola para evitar que caiga de nuevo. No es fácil mantener el nivel solo con la exposición solar y la dieta.

11

Insomnio: ¿volveré a descansar?

Alma ha perdido el sueño, que era su gran consuelo,
y ahora se despierta en medio de la noche
con la boca seca y el corazón desbocado,
mientras su mente vuela sin rumbo fijo por los vericuetos de la memoria.
Se siente sola, vulnerable, envejecida,
como si hubiera dejado de pertenecer al mundo que conocía.

El amante japonés, **Isabel Allende**

Muchas mujeres se preguntan cómo han pasado del *Sueño de una noche de verano* a *Pesadilla en Elm Street*. Voy a explicarlo de una manera sencilla.

El sueño es un bien muy preciado y muy necesario para vivir. Es una función fisiológica gracias a la cual nuestro cuerpo se recupera física y mentalmente. Su alteración en cuanto a calidad o duración puede tener efectos muy malos sobre la salud.

A lo largo de la vida, el patrón de sueño sufre variaciones, y ya no solo entre la infancia, la adolescencia y la edad adulta, sino que las mujeres también experimentamos cambios en el sueño debido a situaciones vitales, como la menstruación, el embarazo y la lactancia. Si has tenido niños, seguro que recuerdas los trastornos del sueño al final del embarazo (desde tener sueños más intensos que te preocupaban hasta despertar por las molestias producidas por el movimiento del bebé o la presión de la vejiga). Después, viene ese periodo de cuidado del recién nacido, con tomas cada tres horas (también por la noche), y, posteriormente, la angustia que causa el cambio en su respiración. Y, cuando los hijos son adolescentes, también pasamos noches en vela hasta que sabemos que están en su cuarto tras una fiesta o un concierto. Como ves, las mujeres tenemos cierta tendencia natural a no dormir bien, por lo que, en la menopausia, a la mayoría de nosotras los trastornos del sueño nos encuentran un pelín entrenadas.

El sueño

El sueño no es continuo, es decir, no te duermes y ya está hasta que despiertas siete horas después, sino que se divide en ciclos de unos noventa minutos. Lo normal es que haya entre cuatro y seis ciclos durante la noche, en función de lo que seamos capaces de dormir. Cada uno empieza por una fase superficial y va avanzando a una fase más profunda.

La primera fase es la que se encuentra entre la vigilia y el sueño, la somnolencia. A partir de ahí, empieza una fase de sueño superficial o ligero, en la que es más fácil que cualquier estímulo nos despierte (por ejemplo, el cambio de sonido por los anuncios de la tele). Esta fase es corta y nos encamina hacia la fase profunda, en la que desconectamos totalmente del exterior y hace falta un estímulo más fuerte para despertarnos. Una vez superada, llegamos a otra fase más profunda de total relajación de los músculos y reposo del cerebro: la del sueño reparador. Al final de esta, se produce la superconocida fase REM (*rapid eye movement* 'movimientos oculares rápidos'), en la que los ojos se mueven de un lado a otro porque en el cerebro hay mucha actividad, y en ella se producen los sueños.

Pero ¿cómo sabe el cuerpo cuándo dormir? Disponemos de un reloj interno que nos ayuda a distinguir entre el día y la noche en ritmos de veinticuatro horas, los ritmos circadianos (seguro que habrás oído esta expresión, que significa 'cerca de un día'). Además, este reloj nos ayuda a reconocer cuándo necesitamos descansar, a qué temperatura mantener el cuerpo y cuándo secretar las hormonas para que realicen su función. En la edad adulta, el sueño se concentra en periodos de siete u ocho horas y su calidad va disminuyendo al ir cumpliendo años. Las personas mayores duermen mucho menos y se reduce la duración de la fase en la que se produce el sueño profundo, por eso es típico ver a la gente mayor dar cabezaditas, es decir, tener un sueño superficial.

El sueño se regula en el hipotálamo, en el núcleo supraquiasmático, que se ve afectado por distintos procesos, como la cantidad de luz que recibimos. La luz diurna activa los fotorreceptores presentes en la retina del ojo, los cuales envían una señal de alerta al cerebro, que responde dando la orden de producir cortisol para mantenernos despiertos y activos. Por la noche, ocurre el efecto contrario: la falta de luz hace que el cerebro envíe la orden de producir melatonina, la hormona que induce el sueño. Otro parámetro que se altera es la temperatura: disminuye durante la noche para facilitar el sueño.

Las hormonas femeninas, los estrógenos y la progesterona, son capaces de actuar en distintas partes del cerebro y participan en la coordinación de los ciclos de sueño y vigilia. El estrógeno se encarga de mantener la vigilia y nos protege de la apnea del sueño. La melatonina y la progesterona inducen el sueño, al estimular los receptores benzodiazepínicos y los receptores de GABA, actuando, así como sedantes y ansiolíticos.

Durante la menopausia, la caída del nivel de estrógenos aumenta las posibilidades de tener insomnio. Y si esa alteración hormonal origina síntomas vasomotores (sofocos), tendremos la situación perfecta para explicar el insomnio en esta etapa vital. Otros factores que influyen son el comienzo del envejecimiento, asociado a cambios en el patrón del sueño de manera fisiológica, o padecer alguna enfermedad, como bruxismo (mantener la mandíbula rígida durante el sueño), piernas inquietas, apnea del sueño, alguna enfermedad reumatológica que produzca dolor o depresión, así como tener preocupaciones personales o laborales.

No todos los tipos de insomnio son iguales

El 40-60% de las mujeres padecerán insomnio, pero lo referirán de diferentes maneras. A algunas les cuesta iniciar el sueño, otras se despiertan antes de lo que quisieran y otras sufren despertares nocturnos. Esta situación podría ser puntual, pero, si te ocurre al menos tres veces por semana y se mantiene más de tres semanas, entonces estamos hablando de insomnio y debes consultar a tu médico.

Además, dormir mal no solo produce la temida desazón nocturna, sino que afecta a la capacidad de afrontar las tareas diarias o, lo que es más importante, puede causar problemas de salud cardiovasculares, respiratorios e incluso psicológicos.

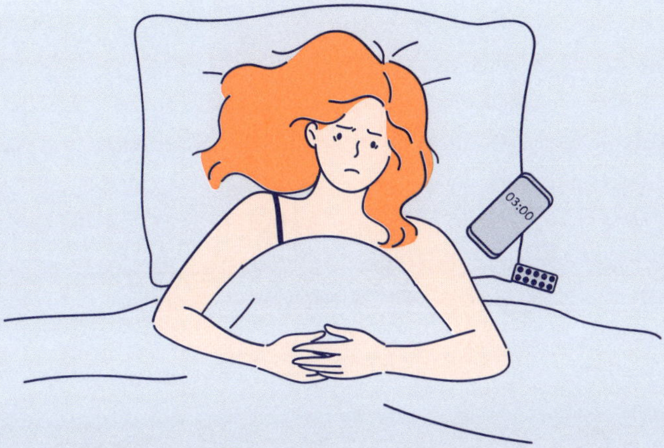

El insomnio no siempre es igual, y por eso los expertos lo clasifican según cuándo se produce.

Insomnio de inicio, que se da cuando te metes en la cama y a los treinta minutos sigues despierta;

Insomnio de mantenimiento, cuando te despiertas varias veces durante la noche, pero vuelves a dormirte;

Insomnio de despertar precoz, cuando te duermes fácilmente, pero te despiertas tras cuatro o cinco horas y no puedes volver a dormirte.

¿Cómo sé si tengo insomnio?

Si te cuesta dormir, rumias pensamientos negativos, te despiertas varias veces por la noche, no puedes relajarte y al día siguiente estás agotada y eres incapaz de recordar cosas, quizá padezcas de insomnio, pero primero hay que averiguar la causa.

Y ahora es cuestión de analizarte y ver qué ocurre.

¿Tienes miedo al momento de acostarte por si no eres capaz de dormirte y anticipas el desastre pensando en todo lo que tienes que hacer al día siguiente? ¿Te está afectando algo, como un divorcio, la muerte de un familiar o problemas laborales? ¿Te acuestas mirando la tele o la pantalla del móvil o la *tablet*? ¿Tomas alguna medicación o padeces alguna enfermedad que afecte al sueño?

¿Por qué empeora el sueño en la menopausia?

Entre cuatro y seis mujeres de cada diez refieren trastornos en el sueño en este periodo de la vida. Los más comunes son los despertares nocturnos. Un estudio demostró que el aumento de la FSH (la hormona que aumenta en la menopausia para intentar espabilar a los ovarios y que produzcan estrógenos, pero ni caso le hacen) se asocia a mayores despertares nocturnos y la pérdida de estrógenos se asocia a la dificultad para conciliar el sueño. Así, vemos que, a pesar de todas las cosas que pueden producir insomnio, la menopausia es un añadido, por lo que es un factor que ha de considerarse para un correcto diagnóstico.

Si te cuento todo esto es porque yo misma he vivido esa experiencia en mi fase de transición a la menopausia. En mi día a día en la consulta, observo que muchas de mis pacientes en la misma fase que yo me dicen que tienen palpitaciones por la noche que las despiertan empapadas en sudor y que todo esto les produce angustia. Si te está pasando esto, la culpa es de los sofocos nocturnos. Su intensidad y duración es muy variable de una mujer a otra, pero al final la sensación es la misma: te despiertas de noche con una sensación de asfixia o falta de aire, te destapas intentando enfriar un poco el cuerpo, a veces crees que es tu pareja la que te da esa sensación de calor, pero en realidad lo que sientes es un calor que te nace de dentro. Al cabo de un rato, te sientes mejor, pero notas frío y te vuelves a cubrir, aunque solo a veces vuelves a dormirte. En otros casos, te despiertas en medio de la noche con el corazón a mil, te tocas el pecho y te suben más las pulsaciones: esto no es normal, te da miedo y eres incapaz de dormirte otra vez al pensar que te está dando un infarto. O quizá te despiertes porque tienes ganas de orinar, te levantas al baño y vuelves medio dormida a la cama; si esto solo te ocurre una vez durante la noche, eres una afortunada, pero quizá seas de las que se despiertan cuatro o cinco veces, ¡y así no hay quien descanse!

Además de esto, tal vez seas incapaz de conciliar el sueño pensando en que las cosas en el trabajo no van bien últimamente, o que tu hijo lleva un tiempo comportándose de una manera extraña, o que no te guste nada el último novio de tu hija, o que tu madre parece que cada vez necesita más ayuda y tus hermanos no colaboran... O quizá creas que duermes toda la noche, pero al día siguiente notes que no has descansado y te molesta que tu pareja te diga «Cari, roncas», cosa que puede ser motivo de discusión, porque tú no roncas, ¡faltaría más! (hasta que te muestra un audio de tu concierto nocturno). Todo esto son muestras de tipos de insomnio o mal dormir que pueden ocurrir por la menopausia o durante esta y afectan a tu calidad de vida.

Cómo mantener una adecuada higiene del sueño

Con esto hago referencia a todas aquellas medidas no farmacológicas que podemos tomar para mejorar el descanso nocturno. Muchas son cosas básicas, pero no entendemos por qué somos incapaces de hacerlas.

Igual que hacías con tus hijos de pequeños para que fueran a la cama y durmieran, debes aplicarte esas normas y crear rutinas de sueño más o menos adaptadas a tu estilo de vida para ir enseñando a tu cuerpo que es la hora de dormir. Quizá sea mejor un baño por la noche en vez de la ducha rápida de la mañana, usar un pijama de una textura agradable que no te agobie, cepillarte los dientes metódicamente mientras escuchas una música relajante y meterte en la cama para dormir (o tener relaciones sexuales, que también relajan), no para ver la televisión o usar el móvil o la *tablet*; como mucho, lee un rato y apaga la luz.

Otras cosas son externas y debes controlarlas, como el ruido. Si vives en una zona donde pasan coches o hay bares cerca, quizá tengas que valorar el invertir en un buen aislante de ruido para las ventanas. O tal vez el problema esté al lado porque quien hace ruido es tu pareja roncando, en cuyo caso, salvo que tengas espacio para estar en cuartos separados por un largo pasillo, poco hay que hacer, aparte, por supuesto, de que valoren a tu pareja, pues los ronquidos pueden indicar un problema de salud más serio.

Otras cosas que facilitan el sueño son mantener una temperatura de entre dieciséis y veinte grados (de hecho, ya sabes lo difícil que es dormir con calor en verano); tener un buen colchón, algo que parece muy obvio, pero de lo que nos olvidamos muy a menudo, pues una superficie mullida y dura evita posturas raras en la columna y contribuye a un buen sueño (recuerda que el colchón debe cambiarse cada diez años), y evitar estimulantes, como el alcohol (un gran inductor de sofocos), el café, el té y el tabaco. Y, por supuesto, no te lleves ni trabajo ni disgustos a la cama. La cama solo es para dormir o practicar sexo.

Incapacidad para conciliar el sueño

En la parafarmacia, hay productos que ayudan, como aquellos que llevan melatonina, 5-HT, GABA o serotonina, así como la salvia, la ashwagandha, la pasiflora y los derivados del azafrán. Se han comprobado científicamente en cierta medida. No obstante, una vez vista la causa del insomnio y confirmado que no es algo puntual, tal vez necesites un tratamiento médico temporal o, en casos más graves, definitivo.

Los tratamientos farmacológicos más comunes son las benzodiacepinas y los hipnóticos, que funcionan, pero tienen un nivel de dependencia elevado. Aun así, si los necesitas y tu médico te los ha recetado, no dudes en tomarlos. La mayoría de ellos se aconsejan durante un periodo de quince días para intentar solucionar el problema, aunque muchas mujeres siguen usándolos toda su vida.

Si el insomnio ha coincidido con el inicio de la menopausia, no descartes usar la terapia hormonal de reemplazo para sustituir las hormonas que te faltan, pues influyen en la regulación del sueño. **La terapia hormonal administrada en los primeros años de menopausia ha demostrado beneficios en el patrón de sueño de las mujeres con sofocos.**

Espero que este capítulo te haya ayudado a comprender uno de los mayores problemas de la sociedad actual. Necesitamos dormir y necesitamos pasar por todas las fases del sueño para que nuestro cuerpo drene las toxinas acumuladas durante el día y siga funcionando. La falta de sueño provoca la acumulación en nuestro cerebro de beta-amiloide, una toxina que favorece el desarrollo del alzhéimer.

Los trastornos del sueño no deben considerarse algo menor, porque pueden suponer un problema de salud enorme. Quizá aumente la tendencia a la obesidad, o afecte a la tensión arterial o al nivel de estrés, o te predisponga a una enfermedad de deterioro cognitivo.

Busca ayuda si padeces insomnio para descubrir qué lo provoca y, si es necesario, sigue un tratamiento.

¡Felices sueños!

Para recordar

- El insomnio es una pandemia en nuestra sociedad.
- Los patrones y ciclos de sueño cambian con la edad.
- La menopausia es un factor desencadenante de insomnio por los sofocos nocturnos.
- Existen diferentes tipos de insomnio según el momento en que se produce.
- Ayuda cambiar hábitos de vida y seguir una adecuada higiene del sueño.
- Hay otros factores que provocan insomnio y no son excluyentes; la menopausia es uno de ellos.
- El insomnio debe tratarse, pues la falta de sueño repercute negativamente en el cerebro.

Las preguntas más frecuentes de mis pacientes

¿Es eficaz la terapia hormonal en el tratamiento del insomnio?

Si la causa de tu insomnio son los sofocos, que disminuyan o desaparezcan con el tratamiento hormonal mejorará la calidad de tu sueño y, por ende, tu salud general.

12

Mis mamas y yo

Me sentí como si hubiera perdido
una parte de mi cuerpo, una parte de mí misma.
Pensé en mis pechos como si fueran una prenda
que alguien me hubiera quitado y nunca me devolvería.
Y después vino la quimioterapia
con sus náuseas, su dolor, su cansancio...
A veces sentía que no valía la pena seguir luchando,
que era mejor dejar que el cáncer hiciera su trabajo
y me llevara con él.

La decisión de Sophie, **William Styron**

Nuestras glándulas mamarias llevan con nosotras desde la pubertad y, de diferentes maneras, todas hemos tenido cierta relación de amor-odio con ellas según el momento de nuestra vida. Desde la incertidumbre en la pubertad (¿tendré pecho?, ¿será bonito?) hasta la preocupación ante distintos problemas (mamas voluminosas que dan dolores de espalda, mamas tuberosas cuya forma no se define bien, mamas asimétricas, mastitis, mastodinias, nódulos, quistes, etc.). Tal vez seas de las afortunadas a las que nunca les haya pasado nada de esto, pero ahora que llega la menopausia quizá empieces a pensar en dos de los principales problemas de esta etapa: la flacidez de los pechos y el aumento del riesgo de cáncer de mama.

En la menopausia, experimentamos cambios llamativos, pero los de las mamas son más graduales y quizá ya nos hayamos acostumbrado a ver a lo largo de los años que nuestro pecho va dejando de ser el mismo que a los veinte años. Tras la lactancia, muchas de nosotras ya notamos esos cambios, al menos los externos, pues veíamos las estrías como un recordatorio de los embarazos (o de los cambios de peso, que también) y, cómo no, la falta de turgencia. Notar los pechos caídos, sin tono ni orientación, es un motivo de preocupación estética, aunque no significa nada más que el tiempo pasa, igual que se nos cae la piel de la cara y el cabello ya no nos brilla tanto ni es tan denso. ¿Estoy siendo muy dura? Pues es la realidad. Salvo que hayas llevado un plan de tonificación de las mamas desde joven o que te las hayas reconstruido mediante cirugía plástica, lo normal es que las encuentres más blandas y caídas. ¿Cómo saberlo? Fácil, pon un lápiz debajo de tu pecho en el surco mamario: si aguanta sin caerse al suelo, ¡enhorabuena!, tus mamas están caídas y son tan bonitas o más que las que no, porque llevan identificándote como mujer hasta ahora.

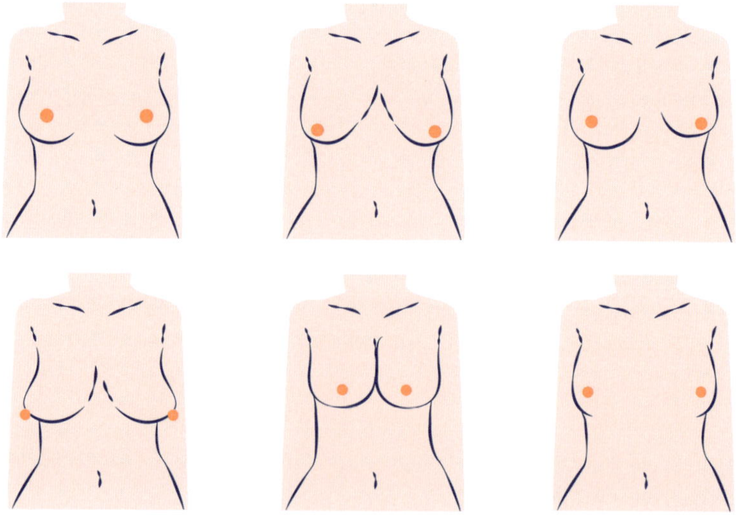

Todos los tipos de mama son normales.

Vamos a aprender a querer y a conocer a nuestra mama porque nunca es tarde.

Para empezar, lo primero que ves es la piel de tu mama, que puede estar más o menos bronceada y con más o menos estrías, y en el centro (originalmente, porque con los años pueden estar orientados hacia abajo o hacia los lados) está el llamado **complejo areola-pezón**. La **areola** es el circulo con una piel con otra pigmentación más oscura y en el centro, asomando como un pequeño volcán, está **el pezón**, esa cosa tan temida en Instagram. Los pezones pueden sobresalir un poco, pero también pueden ablandarse y quedar disimulados. Aquí seguro que te preguntas por el **pezón umbilicado**, algo que habrás oído que es una señal de tener cáncer. Pues no siempre es así y te lo voy a aclarar. Si tu pezón se mete hacia dentro, pero al estimularlo (con la mano o pasando un cubito de hielo) sale hacia afuera, es un **pezón invertido**, pero no un pezón retraído. La retracción asociada al cáncer de mama no se revierte con esos estímulos y tira hacia dentro de ese pezón. Pero volvamos a su función porque por el pezón salen los múltiples **conductillos galactóforos** que transportan la leche que se forma en el embarazo por estímulo de la prolactina. Esa areola que lo rodea tiene diversas glándulas que pueden sobresalir como pequeños bultitos más o menos grandes: son las **glándulas de Montgomery** (en la lactancia pueden engrosarse mucho y formar quistes) que se encargan de hidratar y lubricar la zona de la areola.

Debajo de esa piel está resguardada nuestra glándula mamaria, rodeada de tejido adiposo, es decir, grasa. Nuestra glándula mamaria está formada por unos 15-20 lóbulos en donde se produce la leche, la cual se transportará por los conductos galactóforos hacia el pezón (por eso, según donde se produzca el cáncer de mama, hablamos de cáncer lobulillar, en los lóbulos, o cáncer ductal, en los conductos). Entre los lóbulos existe una intrincada red de vasos linfáticos y vasos sanguíneos que nutren y limpian esa glándula mamaria. Y para que esto se mantenga firme, precisa de un sustento, que en la mama lo realizan unas fibras de tejido conectivo, los **ligamentos de Cooper**. Estos ligamentos van de delante (en el pezón) hacia la parte posterior de la mama y su misión en mantener los lóbulos de la mama en su posición.

Las mamas empiezan a desarrollarse al menos dos años antes de la primera regla y continúan su desarrollo hasta los veinte años. A partir de los cuarenta, empiezan a atrofiarse y la parte glandular se sustituye por tejido conectivo y grasa. En la menopausia, la disminución de estrógenos y gestágenos afecta a las mamas tanto en su función como en su estructura, lo que puede originar ciertas molestias.

Salvo circunstancias personales, puede que hasta ahora el cáncer de mama no haya sido un motivo de preocupación, pero en esta etapa de tu vida tal vez empieces a buscar información sobre este tema, sobre todo porque muchas campañas de *screening* ('cribado') comienzan entre los 45 y 50 años, y quizá tu gine ya te haya pedido la primera mamografía.

Cómo asegurarse de que las mamas están bien

Aprovecha el momento de la ducha para enjabonarte las mamas y tocarte sin miedo. El jabón hace que la mano se deslice mejor y puedas observarte con calma. Los médicos aconsejamos la autoexploración para aprender a conocer qué es normal y qué no en las mamas y estar alerta si un día hay cambios.

Pero, atención, antes de seguir, me gustaría puntualizar que la autoexploración no vale como cribado precoz del cáncer de mama, pues, cuando acudes al médico porque te has notado algo, ese supuesto tumor ya estaría más avanzado. Por otro lado, tocarte y no palpar ningún nódulo no significa que no haya un tumor debajo.

Una vez seca y delante del espejo, observa su aspecto, como si la piel tiene hendiduras o el pezón de repente se ha quedado hacia dentro, así como si hay algunas zonas rojas. Fíjate también en los cambios en la sensibilidad del pecho, como sentir dolor o cierta tensión, aunque la mayoría de las veces esto se debe a cambios en la redistribución de la mama o al inicio de la práctica de ejercicio. Los dolores en la zona también pueden deberse al peso del bolso. Si notas dolor, levanta la mama con una mano y tócate con la otra. Si te duele donde tocas con la punta de tu dedo, suele ser algo muscular.

Por supuesto, quiero tranquilizarte en el caso de que notes algo, porque no siempre tiene que ser un cáncer. Si los nódulos que palpas son lisos y se desplazan al contacto, suelen ser quistes (nódulos con líquido en su interior) o fibroadenomas (nódulos duros). Estos dependen de los cambios hormonales y quizá ya los tengas diagnosticados desde hace años.

También es recomendable observar la areola mamaria, porque pueden darse dermatitis o eccemas secundarios por irritación que causan algunos tejidos del sujetador, el uso de pezoneras o la manifestación de algunas enfermedades cutáneas, como la psoriasis.

Otro motivo de preocupación es la secreción por un pezón o ambos. Si es sanguinolenta, oscura y solo de una mama, quizá se deba a un problema más serio. La secreción bilateral y blanca puede ser consecuencia de la toma de medicamentos o de la estimulación de las mamas. En estos casos, para averiguar su origen se precisa de pruebas y analíticas de hormonas, como la prolactina.

Los médicos seguimos dando estos consejos, aunque en ocasiones entiendo que generen angustia o ansiedad, pues, si notas algo, creerás que es malo, cuando en realidad muchos cambios son normales o debidos a algo benigno. Pero siempre te diré que, ante la mínima duda, consultes con tu médico. Siempre es mejor pensar «Creo que no es nada, pero por si acaso consultaré con mi médico» que «¿Por qué no habré venido antes?».

Para saber más: ¿es bueno usar sujetador?

Esta es una de las preguntas que más me hacen en la consulta cuando de repente salta alguna noticia que genera duda sobre si los desodorantes originan cáncer de mama o si usar sujetador lo favorece.

Vayamos por partes. El sujetador es una prenda opcional que puede gustarte o no, por lo que puedes elegir ponértelo, pero antes debes saber que, si no lo usas, los microtraumas por el movimiento harán que tengas más posibilidades de que las glándulas mamarias caigan, aunque eso solo afectará a la percepción estética (puede que te ocasionen algunas molestias). Y, por supuesto, depende del tamaño de tus glándulas mamarias.

Por el contrario, si decides usar sujetador, como la mayoría, que sepas que el aro no afecta a las glándulas mamarias, o al menos no como para producirte un cáncer de mama. La verdad es que cuando mis pacientes se quejan de molestias en las mamas, al explorarlas, veo la marca del aro sobre la mama en vez de sobre los costados, y eso se debe a que no se usa la talla correcta, algo muy habitual.

La talla de sujetador varía a lo largo de tu vida y no debes aferrarte a una en concreto, pues tu pecho cambia antes y después de un embarazo, de joven a mayor e incluso en el mismo mes por los cambios hormonales debidos al ciclo menstrual. Entiende que has de medirte como es debido y quizá tener sujetadores de distinta talla.

Cómo calcular mi talla de sujetador

Necesitaremos tomar dos medidas, la del contorno bajo el busto y la de la parte más prominente de este sin relajar la medida, pero sin apretar. Solo necesitas una cinta métrica. La medida del contorno bajo el busto nos dará la talla (80-85-90-95...) y la diferencia entre esta medida y la de la parte más prominente, la copa (a menor diferencia, menos copa). La forma y tipo de sujetador puede hacernos variar la talla, por lo que siempre busca que cierre atrás sin apretar, que la copa te recoja todo el pecho y que los tirantes estén a la altura correcta. Quizá de jóvenes estas cosas nos preocupaban menos y no nos importaba la talla o que se nos saliera media teta por fuera si el conjunto era bonito y sexi. Ahora buscamos comodidad y no nos importaría volver al famoso "cruzado mágico", por lo que las *menoboomers* hacemos un llamamiento a las empresas de corsetería para que hagan diseños cómodos y bonitos con materiales transpirables (para nuestros calores) y en todas las tallas.

Medida del busto	**Talla**	**Diferencia**	**Copa**
63-67 cm	80	<10 cm	AA
68-72 cm	85	10 cm	A
73-77 cm	90	12.5 cm	B
78-82 cm	95	15 cm	C
83-87 cm	100	17.5 cm	D
88-92 cm	105	20 cm	DD/E
93-97 cm	110	22.5 cm	DDD/F
98-102 cm	115	25 cm	DDDD/G
103-107 cm	120		

Una mención aparte: las tan modernas **pezoneras** pueden venir bien para un uso puntual, pero no te acostumbres a usarlas por sistema porque favorecen los picores y la humedad en la areola mamaria pudiendo facilitar la aparición el riesgo de mastitis e irritaciones.

Qué hacer para cuidar la salud de las mamas

Recomiendo que te autoexamines casi como una rutina. Cada mañana, aprovecha la ducha o cuando te hidrates el escote, extendiendo la crema hacia las mamas, para tocarte y mirarte por si notas algún cambio. Aun así, yo soy muy fan de hacerse mamografías regularmente, pues muchos estudios confirman que el diagnóstico precoz del cáncer de mama disminuye la mortalidad, y esta prueba tiene una sensibilidad muy alta (85-95%, dependiendo de la experiencia del profesional), es decir, la posibilidad de ver si hay un cáncer de mama, y una especificidad también alta (90%), esto es, la posibilidad de que cuando te dicen que no tienes cáncer de mama de verdad no lo tengas.

Ahora bien, todas conocemos la polémica sobre la edad a la que debe realizarse el cribado poblacional, porque, cuando hablamos en términos de salud pública, nos referimos a la gestión de recursos y de cómo obtener la mayor rentabilidad de una prueba en población sana. En este caso, se ha comprobado que es más eficiente entre los cincuenta y los sesenta y nueve años, pero quiero incidir en que eso no significa que no se deban hacer mamografías antes y después de esa edad. Una cosa es lo que cubre la seguridad social a las mujeres para obtener el mejor rendimiento económico basándose en los cánceres de mama que se detectan en ciertas franjas de edad y comparando el coste sanitario de no detectar ese cáncer a tiempo y otra es el riesgo individual. Tú, como mujer preocupada por su salud, puedes hacerte una mamografía anual a partir de los cuarenta años y cada dos años a partir de los cincuenta, y además te lo recomiendo. De hecho, ahora se está intentando bajar la edad de cribado a los cuarenta años.

Y, si te preocupa la seguridad, la mamografía es una técnica radiológica con una radiación de 0,4 mSv (la equivalente a la que recibimos durante siete semanas de nuestra vida, mucho menor que la de un vuelo de dos horas y media). Ya ves que no hay excusas para prevenir el cáncer de mama.

Asimismo, en la actualidad se está incorporando la inteligencia artificial en la interpretación de las mamografías y se ha comprobado que esta es capaz de detectar cosas que el ojo humano no ve.

Otras pruebas

Muchas veces, tu médico optará por la ecografía mamaria, una prueba que realiza el radiólogo mediante ultrasonidos, algo muy conocido e inocuo, aunque nunca será una prueba de cribado, sino un complemento a una mamografía. En numerosas ocasiones, las mujeres no quieren hacerse la mamografía por miedo y se quedan tranquilas si la ecografía está bien. **La ecografía no vale para la detección precoz del cáncer de mama** y es algo que debes tener claro cuando renuncias a la mamografía por miedo. Solo un 35 % de las lesiones malignas presentan en la ecografía una sombra posterior (un signo típico de malignidad en la ecografía). No obstante, la ecografía es útil cuando hay una lesión en la mama para diferenciar si es quística (con líquido) o sólida.

Ante la duda frente a una mamografía, hay otra prueba más compleja, la resonancia de mama, en la que se usan contrastes dinámicos que permiten identificar una lesión maligna de aspecto dudoso. Si llevas implantes mamarios, quizá tu médico te la haya solicitado alguna vez, pues es muy buena para valorar las complicaciones, como la rotura.

Afortunadamente, cada vez hay más mamografías digitales con imágenes más precisas, dado que se obtienen en el momento y se pueden ampliar para clasificar mejor las anomalías. Son muy útiles para mujeres jóvenes con tejido mamario denso, pues permiten ver microcalcificaciones que podrían quedar escondidas durante una mamografía tradicional.

Ante la duda de un diagnóstico o para confirmar una sospecha de cáncer de mama, se hacen punciones y biopsias de mama, pruebas que indican los radiólogos. La punción de aspiración con aguja fina (PAAF) la hace el radiólogo guiado por la imagen ecográfica y consiste en introducir una aguja delgada a través de la piel de la mama para llegar hasta el objeto de punción. Si es un quiste, sacará líquido, que se enviará a analizar para ver qué tipo de células lo componen. Si es sólido, sacará una pequeña muestra, que también se analizará. La mayoría de las veces se trata de algo benigno.

Otra prueba más específica es la biopsia con aguja gruesa (BAG), que necesita guiarse por mamografía o resonancia de mama. En ella, se obtiene mayor cantidad de tejido para hacer un análisis anatomopatológico. Aunque es un poco más molesta que la PAAF, en general se tolera bien y se puede hacer sin analgesia.

El cáncer de mama

El cáncer de mama es el tumor maligno que tiene más incidencia en la mujer (en España, supone el 23-28 % de todos los tumores) y es la primera causa de muerte por cáncer, por eso las autoridades sanitarias han incluido el cribado del cáncer de mama en las campañas de prevención. Además, las mujeres cada vez somos más conscientes de ello, por suerte, y solicitamos valoraciones individualizadas según nuestro riesgo particular.

Desde que aparece la lesión precursora hasta que se manifiesta clínicamente, transcurren una media de diez o quince años. Sin embargo, dos o tres años antes hay una fase preclínica que puede detectar una mamografía, la ventana de oportunidad que se nos ofrece para hacer un diagnóstico precoz.

Aunque el cáncer de mama es muy frecuente, no es el que más mortalidad tiene, porque la mayoría de las veces se detecta en estadios tempranos, lo que permite controlar su evolución y convertirlo en una enfermedad crónica. No obstante, el cáncer de mama inflamatorio no es de evolución lenta, como de los de otro tipo, y puede surgir de un mes para otro, aun siendo normal la mamografía del año anterior.

Por suerte, dada la preocupación social, se investiga cada vez más sobre el origen y desarrollo del cáncer y se buscan dianas terapéuticas (lugares específicos donde los fármacos podrían actuar), lo que ayuda a que el tratamiento cada vez sea menos agresivo. Ahora apenas se hacen mastectomías y linfadenectomías si no son estrictamente necesarias.

Cuando tras una mamografía de rutina tengo que informar a mi paciente de que tiene un cáncer de mama, intento apoyarla diciéndole que hoy en día son muy pocas las posibilidades de que muera por esa enfermedad. Le recuerdo que tendrá que pasar una etapa dura de médicos, visitas a hospitales e incertidumbre, pero que, dentro de unos años, esa enfermedad será una anécdota y que seguro que tiene más probabilidad de morir por una subida de tensión que por cáncer de mama.

Y, efectivamente, así es: **la causa más frecuente de muerte en las mujeres mayores de sesenta años son los accidentes cardiovasculares**. Es curioso que pasemos la vida preocupadas por tener un cáncer de mama cuando hay más posibilidades de que muramos por un trombo a causa del colesterol elevado o la tensión mal controlada, y ante eso actuamos de una manera más relajada.

Hablemos «medicino»: cómo interpretar un informe mamográfico

La lectura de una mamografía es algo muy complejo y no se puede dejar a la interpretación subjetiva. Por ello, los radiólogos idearon un sistema llamado **BIRADS** (*Breast Imaging Reporting and Data System* en inglés o Sistema de Informe y Datos de Imágenes mamarias en español) que unifica criterios para que cualquier radiólogo sea capaz de interpretar esa mamografía.

Con este sistema acaban todos los informes mamográficos tras un mayor o menor texto describiendo las imágenes que se ven.

Esa clasificación BIRADS se acompaña de un número que tiene distinto significado.

BIRADS 0: La imagen no es lo bastante clara y necesita pruebas complementarias como una ecografía o una resonancia magnética de la mama.

BIRADS I: la imagen es clara y no se detecta ninguna lesión sospechosa.

BIRADS 2: la imagen es clara y se encuentran algunas alteraciones benignas como quistes o calcificaciones benignas que no son sospechosas de malignidad.

BIRADS 3: todavía estamos en la zona intermedia en la que se aprecian lesiones, pero con baja probabilidad de ser malignas.

BIRADS 4: aquí ya se nos encienden las alarmas porque significa que el radiólogo ha visto una lesión con cierta sospecha de malignidad, por lo que se precisa una biopsia (el BAG del que hablábamos antes) para obtener un diagnóstico definitivo.

BIRADS 5: en este caso ya urge tomar medidas serias de diagnóstico.

BIRADS 6: esto es más raro y este diagnóstico suele reservarse para las mamografías de control de cáncer de mama con tratamientos antes de la cirugía.

Este sistema supone que todos hablamos un idioma común. Lo normal es que la mayoría de las mamografías se informen como BIRADS 2 y 3.

Por cierto, otra palabra que os asusta es esteatonecrosis. Pero, aunque sea un palabra muy fea, está asociada a algo benigno y simplemente indica que la grasa acumulada ha perdido la vascularización.

Cómo conocer el riesgo de padecer un cáncer de mama

Hay distintos factores que predisponen al cáncer de mama que no se pueden modificar, como, por ejemplo, la genética, cumplir años, haber tenido una menopausia tardía (porque en tal caso se pasan más años bajo la exposición a los estrógenos) o tener un familiar en primer grado que lo haya padecido. De estos, el más marcado es la genética, pues, si eres portadora de la mutación en los genes BCRA1 y BCRA2 (los más conocidos), tu riesgo de padecer un cáncer de mama sube un 80 %. Afortunadamente, esto solo se confirma en el 5 % de todos los casos de cáncer de mama.

Sin embargo, hay otros factores predisponentes al cáncer de mama que sí podemos modificar, como la edad a la que ser madre (cuanto mayor se es, más riesgo hay), dar el pecho (la lactancia protege), llevar un estilo de vida saludable, tener una dieta variada y evitar alimentos procesados, hacer ejercicio de manera regular, controlar el estrés, evitar el tabaco y el alcohol y hacerse revisiones médicas. Muchos de estos factores se pueden implementar antes de la menopausia. Si ya eres menopáusica y has parido después de los treinta años y, además, no has dado el pecho, lo que te queda es cuidar tu estilo de vida, evitar tóxicos y, cómo no, hacerte revisiones periódicas.

Fíjate que no te digo en ningún momento que el tratamiento hormonal durante la menopausia aumente el riego de cáncer de mama porque ya hay bastantes pruebas que demuestran que el riesgo de tener cáncer de mama por haber seguido la terapia hormonal es menor que el asociado a cumplir años y, lee con atención, el riesgo asociado al sobrepeso.

Aun así, hay que entender que **el origen del cáncer de mama es multifactorial**, que la presencia de solo uno de estos factores de riesgo no explica per se su aparición y desarrollo, pero una cosa está muy clara: su pronóstico y mortalidad dependen del momento en que se diagnostique; por supuesto, en estadios tempranos (los que detecta una mamografía de rutina) habrá mejores opciones y resultados.

Como curiosidad, quiero contarte por qué se dice que la lactancia disminuye el riesgo de cáncer de mama. Se debe a que las células mamarias que producen la leche disminuyen su sensibilidad a los estrógenos y, además, la lactancia inhibe la ovulación, por lo que así también disminuye el nivel de estrógenos. Además, se cree que la succión en la lactancia exfolia las células de las paredes de los conductos, renovándolas y disminuyendo la posibilidad de que haya mutaciones que generen un cáncer.

Me encantaría que quedara claro de una vez que no seguir una terapia hormonal no evita el cáncer de mama. Parece que solo ese tratamiento produce cáncer, cuando está demostrado que, si eres obesa, fumas, tomas alcohol y cumples años, tienes más papeletas para padecerlo.

Para recordar

- En la menopausia, la glándula mamaria se sustituye por grasa y tejido conectivo.
- El cáncer de mama es el tumor más frecuente en las mujeres, pero no es el que tiene una mortalidad más alta.
- No todos los bultos de la mama son cáncer.
- El sujetador no produce cáncer de mama, pero, si la talla no es la correcta, puede generar dolor en el pecho.
- La mamografía es la única prueba que ha demostrado disminuir el riesgo de mortalidad por cáncer de mama.
- El ejercicio regular, una buena alimentación y no fumar ni beber disminuye las posibilidades de padecer cáncer de mama.

Las preguntas más frecuentes de mis pacientes

¿Por qué tengo que hacerme mamografías?

Porque es un consejo de la Asociación Norteamericana contra el Cáncer debido a su utilidad en el diagnóstico precoz del cáncer de mama y, por tanto, gracias a ellas disminuye la mortalidad asociada a este tipo de cáncer. Ni lo dudes.

¿Es cierto que los desodorantes producen cáncer de mama?

No es cierto, no hay relación entre usar un tipo de desodorante u otro y el cáncer de mama. No obstante, si usas uno que te tapone los poros, tendrás más posibilidad de sufrir infecciones en las glándulas sudoríparas.

13

Tratamientos hormonales

La menopausia es una enfermedad por deficiencia hormonal, curable y totalmente prevenible, basta con tomar estrógenos.

Feminine forever, **Wilson**

Son muchas las opciones terapéuticas, hormonales y no hormonales, para tratar los síntomas que surgen en la menopausia y en la fase de transición. En este capítulo, comenzaremos por las hormonales y te iré presentando a nuestras hormonas, las que nos definen, desglosándolas por principios activos. Veamos si soy capaz de explicarlo sin que bosteces.

Una hormona es una sustancia que se produce en un tejido especial, la glándula, desde donde se libera al torrente sanguíneo y viaja hasta las células en las que ejerce sus efectos característicos (según la definición de León Speroff). Por tanto, las hormonas son sistemas de comunicación.

Hormonas más usadas en tratamientos ginecológicos

Estrógenos

Las mujeres disponemos de tres tipos de estrógenos: estradiol, estrona y estriol. El estradiol y la estrona son los que producen los ovarios. En cambio, el estriol es el producto final de la metabolización de la estrona y el estradiol. Hay otro estrógeno producido por el hígado fetal en el embarazo, el estetrol, pero aún no lo usamos en la menopausia.

Como sabes, la hormona que nos falta en la menopausia es el estrógeno, concretamente el 17 beta-estradiol, por lo que parece lógico usarlo para tratar los síntomas. Esta hormona la fabrican los folículos del ovario durante nuestra vida fértil y de ahí viajan por el resto del cuerpo para actuar en las células sensibles activando los receptores específicos para estas hormonas. El nivel de estrógenos varía a lo largo del ciclo menstrual, pero oscila entre 30 y 300 pg/ml, un rango amplio, si bien en la menopausia suele ser inferior a 25 pg/ml, y solo nos queda la opción de que se formen de manera natural por metabolización de la grasa abdominal en andrógenos, que a su vez se convertirán en estrógenos. La dosis de estrógenos que damos en la menopausia es más baja que la de la píldora, puesto que no hace falta inhibir la ovulación.

Hoy en día, existen distintas modalidades de estrógenos, tanto naturales como sintéticos, para tratar los síntomas de la menopausia.

Ten en cuenta que la palabra *natural* no indica que sean mejores, sino solo similares a los de nuestro organismo.

Que el tratamiento sea sintético quiere decir que ha pasado por varios estudios farmacológicos y se ha procesado en un laboratorio para mejorar su biodisponibilidad y su manera de eliminarse de nuestro organismo a fin de que sea más seguro. De hecho, el único estrógeno natural, es decir, sin mediación química, es el que se obtiene de la orina de la yegua embarazada. En cambio, el estradiol, el más parecido químicamente al de nuestro organismo, se obtiene en un laboratorio. Como hay diferentes compuestos para cada necesidad, su elección dependerá de la actividad buscada.

Otro nombre raro que quiero que conozcas en relación con los estrógenos es el de estroboloma. Hace referencia al genoma de las bacterias intestinales que se encargan de metabolizar los estrógenos. Los estrógenos se degradan primero en el hígado y, a través de la bilis, pasan al intestino. Allí, las bacterias producen unas enzimas, las glucuronidasas, que favorecen que se reabsorban y regresen a la sangre en lugar de eliminarse por las heces. Si nuestra flora no está bien, no cumple esta función y podrían aumentar los sofocos, al perder más estrógenos, como les ocurre a las mujeres obesas en la menopausia.

Los estrógenos pueden administrarse en forma de pastillas, solos o combinados con gestágenos, parches, que solo tienen el estrógeno, gel, espray o anillo vaginal. La elección de un método no es caprichosa, sino que responde a unas indicaciones concretas. La forma transdérmica y tópica ha demostrado conllevar menor riesgo de coágulos y elevar los triglicéridos, pues va directamente a la sangre sin pasar por el hígado, que es el primer paso de metabolización cuando se toma por vía oral. Los estrógenos que se toman en pastillas llegan hasta el hígado y se transforman en estrona, un estrógeno débil, pero que aumenta la producción de SHBG, por lo que los andrógenos (hormonas masculinas) se fijan a esta proteína transportadora y causan menos efectos en el organismo.

Los estrógenos vaginales, usados para el tratamiento del síndrome genitourinario de la menopausia, han demostrado ser seguros y no afectar al endometrio ni a las mamas, pese al susto que supone leerse el prospecto.

Gestágenos

La progesterona es nuestro principal gestágeno y la genera el cuerpo lúteo en los ovarios una vez que hemos ovulado. Su misión es cohesionar el endometrio, generado por el estrógeno, cuya finalidad, aparte de provocar la ovulación, es crear un espacio favorable para el embrión. Se administran durante la vida fértil para inhibir la ovulación como anticonceptivos y en la perimenopausia para contrarrestar el exceso de estrógenos, sobre todo si hay hemorragias y sangrados irregulares. Durante la menopausia, se incluyen en el tratamiento con estrógenos con el fin de contrarrestar la proliferación del endometrio que pueden originar estos.

Testosterona

En la mujer, la fabrican mayormente las glándulas suprarrenales (unas glándulas pequeñas situadas encima del riñón), pero también el ovario, aunque en menor cantidad (lo he explicado un poco antes). Por tanto, en la menopausia no disminuyen muchísimo, sino que en realidad lo hacen conforme envejecemos.

Su suplementación durante la menopausia es controvertida, pues hay quien considera que aporta muchos beneficios, pero no está claro si el efecto se debe a la propia testosterona o a que, al darla en dosis suprafisiológicas, acaba convirtiéndose en estradiol. Hoy en día, no hay una forma comercializada específica para la mujer, por lo que la Asociación Española para el Estudio de la Menopausia desaconseja su uso generalizado. Solo está aprobada para tratar la disminución de la libido.

Tibolona

Es una molécula sintética que, al metabolizarse en el hígado y en el intestino, hace aumentar la actividad de estrógenos, gestágenos y andrógenos. Por ello, es una solución eficaz en la menopausia para subir el ánimo y la libido.

Prasterona

De más reciente aparición es una molécula similar al sulfato de deshidroapiandrosterona (DHEA-S, por sus siglas en inglés), una hormona secretada en la suprarrenal que ayuda a producir estrógenos y andrógenos y que actúa por un mecanismo de interacción intracrina, es decir, solo actúa en la célula en la que se encuentra, y no a distancia. Aplicada intravaginalmente mejora la sequedad y el dolor durante las relaciones.

Otros tratamientos

Fezolinetant: este novedoso tratamiento inhibe la neuroquinina B3, un neuropéptido que parece activar el termostato del hipotálamo, lo que causa los sofocos. Su misión es apagar ese interruptor mediante una vía no hormonal, por lo que se aconseja para aquellas mujeres en las que no está indicada la terapia hormonal. Ojo, que no tiene la misma eficacia que la terapia hormonal, pero sí es mejor que los productos naturales, como la cimicífuga y demás derivados de plantas.

SERM (modulador selectivo de los receptores de estrógenos, por sus siglas en inglés): el más usado es el bazedoxifeno. Según convenga, en algunos tejidos se comporta como estrógeno y en otros inhibe su actuación. Por ejemplo, en el hueso actúa como estrógeno y fomenta su formación, mientras que en el endometrio y las mamas actúa como antiestrógeno, protegiendo el endometrio. Puede producir sofocos y aumentar el riesgo de coágulos.

TSEC (complejo estrogénico selectivo tisular, por sus siglas en inglés): SERM + estrógenos, una combinación que inhibe los sofocos (por la acción del estrógeno) y mejora la calidad del hueso (por acción del SERM).

Cuándo no debe seguirse una terapia hormonal

Si se dan los siguientes factores, quizá no puedas beneficiarte de la terapia hormonal de reemplazo, aunque la necesites. Algunos de ellos suponen una contraindicación absoluta, pero en otros casos hay que valorar los riesgos y los beneficios.

- Tienes más de sesenta años.

- Han pasado más de diez años desde tu última regla.

- Tienes riesgo de trombosis venosa profunda porque eres obesa o fumadora, tienes algún problema de coagulación o has tenido algún trombo a lo largo de tu vida.

- Padeces del corazón.

- Tienes antecedentes familiares de cáncer de mama, pues aumenta el riesgo de los efectos secundarios, o has padecido tú misma cáncer de mama.

- Padeces alguna enfermedad hepática.

- Tienes sangrados vaginales que aún no se han estudiado.

¿De dónde viene el miedo a los estrógenos? El famoso estudio WHI

El estudio WHI se realizó en Estados Unidos en 1993 para evaluar los efectos de la terapia hormonal en mujeres posmenopáusicas, pero sus resultados se interpretaron erróneamente y saltaron a la prensa sin un debate científico previo. Se inscribieron más de 160.000 mujeres de entre cincuenta y setenta y nueve años en cuarenta centros y consistió en diversos estudios.

En el año 2002, se detuvo el grupo de estudio de estrógenos y gestágenos, pues se había visto una mayor incidencia de cáncer de mama invasivo y un aumento de los episodios cardiovasculares. Por tanto, se continuó solo el estudio de estrógenos, que se interrumpió definitivamente en 2004 por el aumento del riesgo de ictus.

Sin embargo, pasados unos años, se revisaron los resultados y se vieron importantes detalles que no se habían considerado al analizar los datos la primera vez, como que la mayoría de las mujeres tenían más de sesenta y tres años y la menopausia instaurada hacía más de diez años, además de que muchas padecían enfermedades crónicas que podían alterar los resultados. Asimismo, se seleccionaron mujeres que no tenían muchos sofocos intencionadamente para evitar que se retiraran las del grupo placebo. El estudio se canceló cuando se vio que las mujeres tratadas con hormonas tenían más riesgo de sufrir cáncer de mama y no se apreciaba mejoría respecto al riesgo cardiovascular. Incluso sus propios autores han reconocido los fallos de diseño, de selección de pacientes y de interpretación de resultados.

Riesgos y beneficios de la terapia hormonal

Enfermedad cardiovascular: iniciar la terapia hormonal de reemplazo en los primeros años de la menopausia (la ventana de oportunidad) disminuye el riesgo cardiovascular o no lo altera. Hay muchas menos muertes por accidentes cerebrovasculares y por cualquier otra causa entre quienes la siguen que entre quienes no. Aun así, no debe usarse como cardioprotector, aunque mejora los niveles de glucosa y colesterol en las analíticas.

Síndrome metabólico: no se ha encontrado relación entre la terapia hormonal y el aumento de peso, aunque esta sí tiene que ver con el cambio de grasa visceral por masa magra, lo que mejora el perfil lipídico. En ello, influye la forma de administración y la composición del estrógeno y el gestágeno.

Función cognitiva: el inicio de la terapia hormonal en los primeros años de la menopausia no parece empeorar la función cognitiva.

Cáncer de mama: según el estudio WHI, habría más riesgo de cáncer de mama entre las mujeres que toman la combinación de estrógeno y gestágeno que entre las que toman solo estrógenos o placebo, **pero no hay más mortalidad**. El tipo de estrógeno, la formulación y el tiempo de uso son datos que deben tenerse en cuenta en la medida del riesgo. Además, en los casos en que se observaron tumores de mama, estos ya estaban, la terapia hormonal solo adelantó su aparición; esto es, **no eran tumores nuevos en mujeres sin cáncer previo**.

Si analizamos los datos con detalle, veremos que en el estudio WHI se parte de que el riesgo absoluto de cáncer de mama en mujeres mayores de cincuenta años y durante diez años de terapia hormonal ininterrumpida es de 2,8 mujeres por cada cien. También se dice que el **riesgo relativo** después de cinco años es de 1,26. Por tanto, el riesgo absoluto es un 26 % más, lo que podría alarmar dicho así, pero, si se interpreta bien, este porcentaje en la población general supone solo un 0,7 más, lo que da un riesgo absoluto de 3,5 mujeres por cada cien. Esta subida apenas supone una mujer más al año. Además, en el grupo que solo toma gestágenos, el riesgo relativo es de 0,7 o, lo que es lo mismo, tiene cierto efecto protector; pero, claro, eso no ha tenido tanta difusión.

Cáncer de colon: la asociación de estrógeno y gestágeno disminuye el riesgo de cáncer de colon. Sin embargo, el uso aislado de estrógeno no lo modifica.

Fracturas óseas: la terapia hormonal reduce la pérdida de masa ósea y el riesgo de fractura ósea. No se han encontrado diferencias entre el uso de bifosfonatos y la terapia hormonal.

¿Y de qué opciones disponemos si tenemos síntomas durante la menopausia? Las sociedades científicas de todo el mundo aconsejan **usar la mínima dosis eficaz durante el menor tiempo necesario si la mujer lleva en menopausia menos de diez años, no tiene riesgo personal ni familiar, es menor de sesenta años**, presenta síntomas que alteran su calidad de vida, para los que los tratamientos naturales no han sido eficaces, y cumple los criterios de elegibilidad para la terapia hormonal, además de conocer perfectamente lo que va a tomar y asumir los riesgos y beneficios. Si es tu caso, lo sensato es acudir a las revisiones anuales para comprobar la eficacia del tratamiento y que no presentas efectos secundarios.

Y esto es importante: las sociedades científicas no aconsejan la terapia hormonal bioidéntica en formulaciones magistrales o en formato *pellets* por no estar probada su seguridad. Es curioso que muchas mujeres que rechazan la terapia hormonal tradicional por miedo a los efectos secundarios sigan sin dudarlo la terapia hormonal bioidéntica sin conocer exactamente qué están tomando ni los efectos secundarios. Lo mismo ocurre con el uso de la testosterona para rejuvenecer o tratar la falta de deseo sexual.

Después de leer esto, te llamará la atención que tu médico no te haya informado sobre la terapia hormonal de reemplazo. Se debe a que, desde el informe WHI, cunde la hormonofobia, no solo entre las mujeres, sino también entre los médicos, por miedo a los terribles efectos secundarios. Para colmo, durante las dos últimas décadas, muchos especialistas y médicos de familia no han recibido formación al respecto para aconsejar a sus pacientes como es debido.

Ahora, querida amiga, queda en tu mano hacer un juicio crítico de la terapia hormonal por si fuera útil en tu situación. Espero que este capítulo te aporte criterio y que aclares cualquier duda con tu médico.

Para saber más

Presentaciones de la terapia hormonal sustitutiva (THS) usadas en España:

Estrógenos orales

- Estradiol en dosis de entre 0,5 y 2 mg combinado con gestágenos, como dienogest, noretisterona.
- Valerato de estradiol de 1 o 2 mg combinado con ciproterona, acetato de medroxiprogesterona, norgestrel o drospirenona.
- Estrógenos con progesterona natural.
- Estrógenos equinos conjugados combinados con bazedoxifeno.

Estrógenos transdérmicos

- Parches de estradiol en dosis de entre 25 y 100 µg solo o combinado con noretisterona.
- Crema de estradiol en dosis de 0,6 mg/gramo.
- Espray de estradiol en dosis de 1,53 mg/pulverización.

Se puede escoger entre distintas formulaciones, teniendo en cuenta que algunas producen sangrado mensual.

Para recordar

- Las hormonas son sustancias producidas en las glándulas y se liberan a la sangre para actuar a distancia. En la mujer, los estrógenos son importantes en el ciclo menstrual y en la menopausia.
- Hay diferentes tipos de estrógenos (estradiol, estrona, estriol y estetrol) y su disminución en la menopausia produce síntomas, los cuales ayuda a controlar la terapia de reemplazo.
- La progesterona es una hormona importante en el ciclo menstrual y debe acompañar el tratamiento con estrógenos para evitar hemorragias y cáncer de útero.
- La testosterona se produce en el ovario en escasa cantidad y hay dudas sobre su uso en la menopausia porque no hay bastantes pruebas científicas sobre su seguridad ni existe una forma de comercialización adecuada a las mujeres.
- El estudio WHI evaluó los efectos de la terapia hormonal en las mujeres menopáusicas, pero sus resultados fueron muy preocupantes. Una reevaluación de los datos ha identificado limitaciones y malas interpretaciones que no se consideraron.

Las preguntas más frecuentes de mis pacientes

¿Es segura la terapia hormonal de reemplazo?

La terapia hormonal es segura y se contraindica en muy contadas ocasiones. Es necesario seleccionar aquella que más te convenga y usar la dosis mínima eficaz el menor tiempo posible.

¿Qué beneficios y riesgos tiene la terapia hormonal?

La terapia hormonal con estrógenos ha demostrado ser el tratamiento más eficaz para tratar los síntomas vasomotores y el síndrome genitourinario de la menopausia. Además, previene la pérdida ósea, mejora el ánimo y disminuye el riesgo de enfermedad cardiovascular y de cualquier causa de mortalidad en la mujer.

La terapia hormonal con estrógenos solos, sin la presencia de progestágenos, en mujeres con útero aumenta el riesgo de cáncer de endometrio. La administración estrogénica oral aumenta el riesgo de tromboembolismo venoso e infarto, cosa que no ocurre con la administración cutánea. La terapia con estrógenos y gestágenos aumenta levemente el riesgo de cáncer de mama, pero no la mortalidad asociada a dicho cáncer.

¿Es útil la testosterona?

La testosterona solo está indicada para tratar el deseo sexual hipoactivo, una enfermedad consistente en la pérdida del interés y de la excitación sexual durante más de seis meses y que repercute en la calidad de vida. Sin embargo, en España no existe una pauta de administración segura hoy en día, dado que hay que adaptar las cremas que se venden para hombres a las necesidades de las mujeres. Por supuesto, su uso en *pellets* no se aconseja, dado que no hay estudios sobre su seguridad a largo plazo.

14

Tratamientos no hormonales

Las plantas medicinales ofrecen una fuente inagotable
de sabiduría y apoyo durante la menopausia.
A través de su delicadeza y poder curativo,
nos brindan alivio y equilibrio en esta etapa de transición.
Dejemos que las plantas sean nuestras aliadas,
guiándonos hacia la salud y la vitalidad
en cada fase de nuestras vidas.

Rosemary Gladstar

Nunca he ocultado mi poca fe en los tratamientos naturales, pero en realidad, para ser exacta y no ofender a nadie, debería referirme a mi poca fe en los tratamientos no regulados, aquellos cuya composición completa desconozco y que no se han estudiado en un amplio rango de población ni se ha hecho un estudio que no fuera promovido por el mismo laboratorio que los fabrica. Aun así, hay productos que se consideran naturales que son muy buenos y seguros, además de estar comercializados por empresas serias. Yo misma los recomiendo en la menopausia cuando los síntomas son leves o en aquellos casos en los que la terapia hormonal está contraindicada. Porque, y esto es incuestionable, si los síntomas se deben a un déficit de hormonas, lo lógico es suministrar esas hormonas deficitarias, tal como hacemos para tratar un hipotiroidismo o una diabetes, y en esas situaciones nadie protesta. No tengo a ninguna paciente con hipotiroidismo que le pida a su endocrino un tratamiento natural o que no se tome la medicación por miedo a sus efectos secundarios, porque más miedo le darían los efectos primarios de su enfermedad. Quizá si el tratamiento de la menopausia lo llevaran los endocrinos, se les haría más caso y se usaría sin miedo. De todos modos, tranquila, que no siempre se necesita terapia natural ni hormonal para la menopausia. La terapia está indicada si hay síntomas, nada más.

¡Vayamos al lío!

Tratamientos naturales para los síntomas vasomotores (sofocos)

Antes de hablarte de estos productos, quiero que tengas clara la diferencia entre fármaco o medicamento y complemento alimenticio o suplemento dietético. Los productos naturales están incluidos en esta última categoría, lo que evita que pasen los estrictos controles de seguridad y eficacia que se exige a los medicamentos. Estos productos, a base de plantas o hierbas medicinales, tienen otro problema añadido: la cantidad y la calidad de sus principios activos varía y, en ocasiones, están adulterados o contaminados por metales pesados o fármacos. Además, las plantas no actúan por igual en todas las personas, sino que depende de la genética y de la microbiota intestinal, e incluso del año en que se recolectan o de su elaboración.

Si te has decidido por estos productos, procura que sean de compañías reconocidas por su seriedad y solvencia. Huye de los preparados de herboristería o de los que se venden por internet, pues no siguen controles específicos. Aclarado esto, te contaré cómo reducir los sofocos con opciones terapéuticas no hormonales.

Fitoestrógenos

Seguro que has oído hablar mucho de los fitoestrógenos y al fin vas a entender qué son en realidad y cómo funcionan. Son compuestos no esteroides derivados de las plantas capaces de imitar a los estrógenos, por lo que ocupan sus receptores e impiden que estos actúen. Podría creerse, por tanto, que evitan tumores estrogenodependientes, pero no es así. Los fitoestrógenos más conocidos son las isoflavonas (semillas de soja, lentejas y garbanzos), los lignanos (semilla de lino, cereales, frutas y verduras) y los cumestanos (semillas de girasol y brotes de soja, regaliz, coles de Bruselas, espinacas y trébol rojo).

Se considera que los fitoestrógenos surgieron como un mecanismo de defensa de las plantas contra sus depredadores naturales, los animales rumiantes, pues generan unas sustancias similares a la progesterona, una hormona con función anticonceptiva, que influye en su reproducción. ¡Mira qué listas son las plantas!: desarrollan la capacidad de atacar a su principal enemigo, favoreciendo los abortos y la infertilidad entre los rumiantes. Esto, que quizá te parezca broma, se descubrió en Australia al observar que las ovejas que tomaban trébol rojo sufrían más abortos y se reproducían menos.

No obstante, no vale solo con tomar el producto fitoestrogénico, sino que nuestro intestino ha de ser capaz de absorberlo en la cantidad necesaria, pero, ¡sorpresa!, no toda la población tiene la misma capacidad de asimilar los fitoestrógenos. Por ejemplo, en el caso de las isoflavonas de soja y el trébol rojo, que interactúan con los receptores estrogénicos del cuerpo, no todas las personas las absorben de la misma manera, sino que depende de su microbiota digestiva. Además, que sean beneficiosas se consigue si estas logran convertirse en equol, que es producido por ciertas bacterias del cuerpo, pero no siempre sucede. Esto explica por qué algunas mujeres pueden beneficiarse de las isoflavonas, y otras no.

Las isoflavonas de soja más usadas son la genisteína y la daidzeína, las cuales, como acabamos de decir, deben activarse en el intestino para ser eficaces. Sus efectos se deben a su acción estrogénica en los receptores del centro hipotalámico que regula la temperatura, de ahí su eficacia para reducir los sofocos. La dosis diaria recomendada es de 40-80 mg/día; para que sea mejor que el placebo, la cantidad de genisteína mínima eficaz es de 15 mg/día. Si tomas estos productos, comprueba que tengan esa cantidad.

Hay que considerar que los fitoestrógenos no deben consumirse con alcohol ni con medicación para el tiroides o con warfarina (un anticoagulante), pues interferiría en su absorción y eficacia. En cambio, se recomienda consumirlos con el estómago lleno para facilitar su efecto. Ya sabes, tómalos durante la comida o la cena.

Cimicífuga o *cohosh* negro *(Cimicifuga racemosa)*

Es una planta medicinal que llevan siglos usando los nativos americanos para aliviar el dolor y tratar distintos procesos ginecológicos. Su efecto no está todavía bien descrito, pero sus beneficios no se deben a su similitud con los estrógenos, sino a que modulan los receptores de neurotransmisores, como la serotonina, los GABA o la dopamina, sustancias clave para controlar la temperatura (sofocos), el estado anímico y el sueño. Por ese mismo motivo, no actúa sobre tejidos estrogenodependientes.

Los estudios no han determinado si la cimicífuga es eficaz por sí misma o porque suele recetarse junto con otros componentes. Una revisión de 2.027 pacientes que ha valorado los efectos de esta planta sobre los síntomas vasomotores, la función sexual, los síntomas vaginales, la calidad del hueso y la calidad de vida ha concluido que no hay bastantes pruebas científicas aún, por lo que hay que seguir investigando.

La dosis recomendada es de 40-80 mg/día y no se aconseja el tratamiento con ella durante más de seis meses. Si la estás tomando, te aconsejo que revises la composición, pues pocos productos llevan la cantidad recomendada. Y, si eres hipertensa o padeces del hígado, ten cuidado con su consumo.

Sus efectos secundarios (que son relativamente leves) son dolor de estómago, náuseas y vómitos.

Lúpulo *(Humulus lupulus)*

El lúpulo actúa sobre los receptores de estrógenos alfa y beta y reduce un 40 % el número de sofocos, además de tratar otros síntomas, como ansiedad, insomnio, depresión... La dosis mínima eficaz para los sofocos es de 100 µg y no tiene efectos secundarios.

El lúpulo suele asociarse a otros productos para mejorar su efecto sobre los sofocos, pero no vale aferrarse a que la cerveza tiene lúpulo para justificar su consumo, que nos conocemos.

Salvia

Es una planta que se usa tradicionalmente para tratar la sudoración. Tiene un leve efecto estrogénico alfa y beta y actúa sobre el transportador de la serotonina, por lo que reduce el estrés y el sueño. Se suele comercializar asociada a otros componentes.

Sauzgatillo *(Vitex agnus-castus)*

Se usa mucho para tratar el síndrome premenstrual y la mastalgia. Aunque hay pocos estudios sobre su eficacia en el tratamiento de los sofocos y los cambios emocionales durante la menopausia, se vende como ayuda con los síntomas de esta etapa, pero no sería mi primera opción.

Extracto citoplasmático de polen

Si eres alérgica, quizá te estés preguntando si puedes tomarlo. Este extracto es seguro porque al polen se le extrae químicamente la capa externa de exina, la responsable de la alergia.

Es un producto rico en proteínas de alto valor biológico, vitaminas del grupo B, selenio, triptófano y cofactores enzimáticos. Su eficacia se debe a su capacidad de inhibir la recaptación de la serotonina. La dosis mínima eficaz es de al menos 160 mg y puede producir leves molestias gastrointestinales.

No hay muchas pruebas científicas sobre su eficacia, pero les funciona a muchas mujeres y pueden tomarlo aquellas que han pasado un cáncer de mama, pues no tiene actividad estrogénica.

Tratamientos naturales para la alteración del deseo sexual

No puedo empezar a hablarte de productos para tratar la falta de deseo sexual sin recordarte que esto es algo muy complejo en lo que intervienen muchos factores, así que, si estás mal con tu pareja o deprimida, ningún producto natural va a aumentar tu deseo. Tampoco es recomendable que los tomes si tu problema es que sientes dolor con las relaciones y por eso las evitas.

Dicho esto, pasemos a recordar los afrodisiacos más comúnmente usados.

Maca *(Lepidium meyenii Walpers)*

¡La famosa maca andina! Fue el primer producto del que oí hablar para aumentar el deseo sexual en un congreso de fitoterapia aplicada a la ginecología hace la tira de años. Como anécdota, nos dieron muestras a todos los médicos asistentes y la mía desapareció: a poco que te descuidaras, ¡te la quitaban!

Esta planta tiene un alto valor nutricional y se usa no solo para elevar el deseo sexual, sino para aumentar el rendimiento de los atletas y el rendimiento mental, así como para tratar las alteraciones menstruales. La dosis es de 1,5-3,5 g/día durante entre dos y doce semanas.

Una revisión que valora los efectos de la maca en mujeres sanas en distintos estadios de la menopausia encuentra los resultados limitados, porque además no informan sobre la seguridad. Como siempre son necesarios más estudios. Como dato curioso añadido recordarte que se usa también en la disfunción sexual masculina.

Fenogreco *(Trigonella foenum-graecum)*

El fenogreco se une a los receptores de estradiol e inhibe la aromatasa, por lo que aumenta la testosterona libre, y eso supone más efecto en los receptores, así que aumenta el deseo. Aunque es un tratamiento seguro, no se aconseja en personas diabéticas.

Tribulus *(Tribulus terrestris)*

Esta planta se usa en China e India como afrodisiaco, pero también en tratamientos de infertilidad y como antihipertensivo. Actúa aumentando indirectamente los niveles de DHEA, antagonista del GABA.

Este producto se usa tanto para tratar la falta de deseo en mujeres menopáusicas como premenopáusicas. Suele darse asociado a otras sustancias y la dosis recomendada es de 100-450 mg/dl.

Azafrán *(Crocus sativus)*

La administración de 30 mg/día actúa sobre los receptores opiáceos, lo que disminuye el dolor durante las relaciones. También mejora la lubricación y la excitación, pero más que elevando el deseo actúa levantando el ánimo. A mí los derivados del azafrán me parecen maravillosos para calmar esas ganas de matar a alguien que nos entran ante la más mínima provocación.

Ashwagandha *(Whitania somnifera)*

Esta planta es famosa por ser afrodisiaca, antinflamatoria, antiestrés, diurética, antiulcerosa, por tratar el insomnio y la ansiedad, mejorar el peso..., vamos, que lo tiene todo. Es un adaptógeno, pues mejora el estrés y aumenta la resistencia al cansancio.

Está muy de moda y es el componente principal de muchos productos que se venden sin receta para tratar los síntomas climatéricos, pero no hay estudios sobre su eficacia a la hora de elevar el deseo sexual.

Ácido hialurónico

Las sustancias que, aplicadas por vía tópica, aumentan la hidratación de la vagina mejoran la elasticidad y disminuyen el dolor asociado al coito, lo que indirectamente eleva el deseo.

Si no te duele, estarás más dispuesta a tener relaciones sexuales, aunque en estos casos te aconsejo que acudas a tu médico para que descarte otros problemas.

Aceite de espino amarillo

El aceite de espino amarillo es muy rico en ácidos grasos omega 7 y, administrando 3 g/día durante tres meses, mejora la sequedad vaginal. Es una buena opción para tratar la sequedad de todas las mucosas del cuerpo.

Tratamientos naturales para la ansiedad y el insomnio

Hay mucha tradición en el uso de aceites esenciales e infusiones de plantas para calmar los estados de ansiedad en cualquier ocasión, tengamos la menopausia o no.

Pasiflora *(Passiflora incarnata)*

Esta planta, muy conocida y usada, reduce el estrés, al bloquear las sustancias que antagonizan la función del GABA e inhibe la recaptación de serotonina. También disminuye el cortisol.

Valeriana *(Valeriana officinalis)*

Esta planta también se usa mucho en infusiones y comprimidos. Una dosis de 600 mg/día resulta eficaz para tratar el insomnio.

Lavanda *(Lavandula angustifolia)*

La lavanda tiene un componente que favorece la liberación de serotonina y reduce el cortisol, por lo que disminuye el estrés y mejora el sueño. La dosis recomendada es de 500 mg/día en cápsulas para tomar por vía oral o de 80 mg/día en forma de aceite esencial.

Además, solemos asociarla con el buen olor y la limpieza. Y también es un magnífico repelente de insectos.

Melatonina

Es una hormona que produce la glándula pineal y se sintetiza a partir del triptófano. Se encarga de controlar el ciclo vigilia-sueño. La dosis eficaz es de entre 0,5 y 10 mg/día, aunque en España solo se permite comercializarla en dosis menores de 3 mg.

Se usa no solo en tratamientos para la menopausia, sino en aquellos para mejorar la fertilidad.

Tratamientos naturales para las molestias osteoarticulares

Los dolores articulares durante la menopausia pueden deberse a pequeñas inflamaciones en las articulaciones, la mayoría de las veces debidas al paso del tiempo. El miedo a los efectos secundarios de los antiinflamatorios ha llevado a investigar los beneficios de determinadas sustancias naturales.

Cúrcuma

La cúrcuma tiene efecto sobre la inflamación de los tejidos, pues inhibe enzimas antinflamatorias, como la ciclooxigenasa 2 (COX-2). Se aconseja tomar 1,5-3 g/día en polvo durante doce semanas para valorar sus efectos. Puede ocasionar molestias digestivas y manchar los dientes. No se debe usar si se padecen problemas biliares.

En los últimos años, ha tenido mucha difusión entre las pacientes que se recuperaban de un cáncer de mama, que la incluían en su dieta diaria.

Árnica

Usada en gel en aplicación tópica, mejora el dolor, pero solo se aconseja para contusiones, esguinces y dolores musculares. No debe utilizarse en heridas abiertas.

Vitamina D

Es el suplemento ideal. Hoy en día, se considera una hormona y es necesaria para muchas actividades celulares, por lo que es necesario mantenerla en un nivel adecuado.

No hay consenso en la comunidad científica sobre la necesidad de suplementar vitamina D, pero es un producto barato y resulta muy difícil que produzca toxicidad, así que se puede tomar con el objetivo de mantener el nivel entre 30 y 60 ng/ml durante la menopausia, el recomendable para las mujeres.

Colágeno

En teoría no se absorbe si no está hidrolizado. No hay nada mejor que un potaje de madre a fuego lento para tomar el colágeno necesario, pero hoy en día, que ya apenas cocinamos en casa, es mejor tomar sus precursores (la glicina y la prolina), pues el colágeno per se no se absorbe bien, dado que sus moléculas se descomponen. En esta situación, dar suplementos de glicina parece lo adecuado.

Otros tratamientos alternativos para los síntomas de la menopausia

El miedo a la terapia hormonal ha llevado a investigar terapias alternativas para la menopausia, con mayor o menor éxito. A continuación, te indico las más usadas.

Hipnosis

Hay estudios que demuestran que la hipnosis en mujeres con cáncer de mama y sofocos reduce más de un 69 % su intensidad y frecuencia. La Sociedad Norteamericana para la Menopausia (NAMS, por sus siglas en inglés) recomienda este tratamiento por su bajo riesgo. Si eres sugestionable, puede que te beneficies de que te hipnoticen.

Terapia cognitivo-conductual

Esta técnica de intervención psicológica busca cambiar la percepción de los síntomas y las pautas de comportamiento frente a ellos. Así, disminuye la angustia que generan los sofocos, pero no tanto su frecuencia e intensidad.

Si recurres a esta terapia, asegúrate de que sea con un profesional formado en esta técnica de intervención psicológica.

Mindfulness y yoga

Los estudios científicos no reflejan que estas disciplinas mejoren los sofocos, pero sí la calidad de vida y del sueño, además de los síntomas psicológicos de la menopausia. El yoga se asocia a un buen estilo de vida, así que, por supuesto, es superrecomendable, y siempre es fantástico encontrar una actividad que te ayude a gestionar las emociones y mejore tu nivel de estrés.

Aromaterapia

Los aceites esenciales obtenidos de plantas, sobre todo el de lavanda, se usan para reducir la ansiedad y aumentar la relajación, por lo que pueden mejorar los síntomas de la menopausia, aunque no hay pruebas científicas sólidas para recomendarlos solos, sino junto con otros tratamientos.

Acupuntura

La acupuntura es una parte importante de la medicina tradicional china. Consiste en introducir agujas finas en determinados puntos de energía del cuerpo para tratar los síntomas de algunas enfermedades. Si bien hay distintos estudios sobre su eficacia, no se ha apreciado que sea mejor que el placebo o el tratamiento hormonal.

Si a ti te funciona o quieres probarlo, adelante, pero asegúrate de hacerlo con gente formada y que mantenga la seguridad y la higiene.

Reflexología

Consiste en dar un masaje específico en determinadas partes del pie o de la mano para estimular glándulas y órganos. En las revisiones bibliográficas, no hay pruebas científicas sólidas sobre su eficacia, pero, si a ti te funciona, no dejes de hacerlo, porque daño no hace y un masaje de pies le gusta a cualquiera, ¿no?

Homeopatía

Se basa en la aplicación de sustancias naturales diluidas (basándose en la idea de que lo similar cura lo similar), es decir, se usan sustancias que pueden dañar a una persona sana, pero diluidas hasta el infinito y más allá. No hay pruebas científicas que sustenten su validez, pero la verdad es que hay mucha gente que recurre a la homeopatía. Si a ti te funciona, perfecto, pero asegúrate de que la empresa sea seria y use productos seguros, porque suelen emplear componentes no del todo contrastados.

Mi opinión es que esa teoría de que lo similar diluido hasta el infinito cura lo similar significa que, si tienes sífilis, habría que tomar una pastilla constituida por las lesiones de la sífilis diluidas en agua montones de veces. Conmigo que no cuenten. Tampoco veo que en la UVI o en quirófano se emplee la homeopatía con resultado. Está claro que no cuenta con mi simpatía. No estoy a favor de la medicina homeopática, sino alopática.

¿Por qué a mí no me funcionan los productos naturales?

Tal vez te hayas lanzado a tomar un producto con soja, trébol rojo, magnesio y un montón de cosas más que tu amiga, tu gine o tu médico de cabecera te hayan recomendado, pero sigues con los mismos sofocos.

Primero, has de saber que los productos naturales no tienen efecto inmediato, sino que tienes que esperar entre ocho y diez semanas al menos para notar mejoría. Si ya llevas un tiempo tomándolos y no te funcionan, quizá tu flora intestinal no sea capaz de producir equol (una sustancia necesaria para que el intestino los absorba) o de metabolizarlos lo suficiente para que actúen. En tal caso, puedes probar a tomar el tratamiento con la comida o añadir probióticos para mejorar tu flora intestinal y aumentar tu capacidad de sintetizar equol. También es posible que el producto elegido no sea el adecuado para ti y sea mejor que pruebes con otro.

Asimismo, a estas alturas seguro que ya sabes que el tabaco y el alcohol modifican la absorción de estas sustancias, disminuyendo su eficacia, y desencadenan sofocos por sí mismos. Habrás notado que, cada vez que sales por la noche y bebes un poco más de alcohol, además de tener ganas de orinar más a menudo, duermes peor porque se te acentúan los sofocos.

No olvides que los complementos alimenticios pueden producir pequeñas molestias gastrointestinales, como diarrea, gases, náuseas y vómitos. Y te aconsejo que informes a tu médico, especialista o matrona de todo aquello que estás tomando por tu cuenta, porque podría interferir con alguna medicación.

Para recordar

- **La seguridad y la eficacia de los fármacos no es la misma que la de los complementos alimenticios. Los productos naturales no pasan los estrictos controles que se les exigen a los medicamentos. Además, los suplementos dietéticos no siempre aportan la misma cantidad o calidad de principios activos y pueden estar adulterados o contaminados.**

- Los tratamientos no hormonales más usados para los sofocos son los fitoestrógenos: el lúpulo, la salvia, el sauzgatillo y la cimicífuga. Aún hacen falta más estudios sobre la dosis eficaz y su seguridad.
- Los tratamientos no hormonales para el bajo deseo sexual son la maca andina, el fenogreco, el azafrán, la ashwagandha, el ácido hialurónico y el aceite de espino amarillo, los cuales actúan como afrodisiacos o como hidratantes de la zona genital.
- Los tratamientos naturales para el insomnio y la ansiedad son la pasiflora, la valeriana, la lavanda y la melatonina.
- Para las molestias osteoarticulares, se aconseja la cúrcuma por su efecto antinflamatorio.

Las preguntas más frecuentes de mis pacientes

¿Qué opciones de tratamiento no hormonales hay en la menopausia para los sofocos y demás síntomas?

Muchos. Para los sofocos, fitoestrógenos, productos con extracto citoplasmático de polen, fezolinetant, de reciente aparición, y los SERM. Para la ansiedad, los derivados del azafrán, la salvia y el triptófano. Para el insomnio, la melatonina. Para la sequedad vaginal, el ácido hialurónico. Son menos efectivos que la terapia de reemplazo, pero muchos te ayudarán, sobre todo si tus síntomas son leves.

¿Qué suplementos me aconsejas tomar?

Todo lo que necesitas es alimentarte bien. Los únicos suplementos que aconsejo, y solo en caso de déficit, son el hierro, la vitamina B12 y el ácido fólico. También aconsejo suplementar la vitamina D aunque esté en un rango normal, pues lo ideal es que en la menopausia la tengamos entre 30-60 ng/ml. Los niveles de calcio deben mantenerse óptimos (1.200 mg/día), y eso se consigue con la dieta: yogures, quesos y sardinas. El magnesio también se puede obtener por la dieta. Los suplementos de colágeno mejoran la calidad de la piel y del tejido conjuntivo. Ahora bien, si notas algún síntoma, puedes probar con fitoterápicos.

15

Menopausia prematura o precoz

La menopausia había llegado antes de lo previsto, arrancando de raíz las esperanzas de maternidad y dejando en su lugar un silencio profundo.

Anónimo

Como ya sabes, este libro es para que conozcas todos los cambios que puedes experimentar al llegar a la menopausia fisiológicamente, que suele ocurrir entre los cuarenta y cinco y los cincuenta y dos años. No obstante, algunas mujeres llegan antes de los cuarenta, en cuyo caso se trata de menopausia prematura o precoz y su repercusión clínica será mucho más grave a largo plazo.

Por ello, si tienes menos de cuarenta años y notas muchos de los síntomas descritos, es importante que consultes con tu médico para averiguar la causa y actuar en consecuencia. Quizá tus trastornos menstruales sean por fallos de ovulación o por el síndrome de ovario poliquístico, por tener alterado el tiroides o por estar pasando una situación de estrés, o incluso podría ser por un embarazo, pero no es normal y debes consultarlo.

Antes de seguir, voy a definir una serie de parámetros para aclarar qué es la menopausia prematura o insuficiencia ovárica primaria.

Diferencia entre menopausia prematura e insuficiencia ovárica primaria

Estos términos significan lo mismo, pero por lo general se usa *menopausia prematura o precoz* para hacer referencia al cese de la función ovárica entre los cuarenta y los cuarenta y cinco años, mientras que se reserva *insuficiencia ovárica primaria* para cuando este ocurre antes de los cuarenta. Esto se debe a que en la menopausia la función del ovario cesa definitivamente, sin posibilidad de solución, pero, si se tiene una insuficiencia ovárica primaria, es posible que la función ovárica se restaure, incluso después de llevar muchos años en amenorrea.

¿Y a cuántas mujeres les pasa? La incidencia del fallo ovárico adelantado es del 1% en las mujeres menores de cuarenta años, y a un 0,1% les ocurrirá incluso antes de los treinta. Tal vez no te parezca un porcentaje muy elevado, pero, si hablamos en términos absolutos, es una cantidad importante.

Uno de los factores que favorece este alto porcentajes es la insuficiencia ovárica prematura iatrogénica (por causas médicas), dada la mejora en la tasa de supervivencia después de quimioterapia y radioterapia. Cada vez sobreviven más mujeres jóvenes al cáncer y, debido a las terapias oncológicas, se anula la función ovárica directa o indirectamente, por lo que es importante concienciarlas de las secuelas que tendrá el tratamiento a la larga y ofrecerles opciones terapéuticas adecuadas a su situación. No solo se trata de alargar su vida, sino que esta sea de calidad.

¿Por qué fallan los ovarios antes de tiempo?

Los ovarios comienzan a envejecer desde el nacimiento, pues van perdiendo folículos según pasan los años hasta llegar al cese definitivo de su función, que se da de manera fisiológica alrededor de los cuarenta y cinco o cincuenta años, cuando apenas quedan unos cientos de folículos.

Cuando esto ocurre antes de esa edad, puede haber varias causas, algunas reconocibles, pero en el 90 % de los casos no se detecta qué produjo el fallo de la función ovárica; los médicos usamos la palabra idiopático (traducido como «no tengo ni idea de cuál es la causa»). Suele deberse a que los ovocitos están en menor número por una enfermedad genética, autoinmune, metabólica o infecciosa, por lo que se agotan antes de llegar a la edad media habitual.

En otros casos, es fácil predecir que va a ocurrir un fallo ovárico prematuro, como cuando se va a pasar por tratamientos médicos agresivos, como radioterapia o quimioterapia en el caso de mujeres jóvenes con cáncer, o por un proceso quirúrgico (por ejemplo, si se han tenido que extirpar los ovarios por una endometriosis agresiva). En estos supuestos, la causa está clara, pero es curioso que aun así no se ahonde lo bastante en la necesidad de preservar el ovario o de tratar debidamente la menopausia inducida en mujeres jóvenes, dado que al eliminar los ovarios no se recuperará nunca su función y es necesario tratar el déficit de estrógenos.

A muchas mujeres les preocupa la menopausia precoz porque, en la actualidad, se retrasa demasiado la maternidad, y eso podría reducir las posibilidades de ser madre o anularlas. Aunque no solo es importante la cantidad de ovocitos disponibles, sino también su calidad. Me refiero a la calidad ovocitaria, que empieza a disminuir a partir de los treinta y cinco años. Aun así, si son pocos los ovocitos, pero estos son de buena calidad, hay más posibilidades de lograr un embarazo que si el recuento folicular es mayor, pero la calidad es peor.

Causas del fallo ovárico primario

Enfermedades autoinmunes

En un 4 % de los casos, hay anticuerpos que bloquean la función ovárica. Es decir, nosotras mismas atacamos a nuestros ovarios. Y no te creas que es tan raro, pues muchas veces enfermedades tan populares como la diabetes o el hipotiroidismo se deben a fallos del sistema inmunitario y, a la larga, producen también un fallo de la función ovárica.

Causas genéticas

El 2-5 % de los casos de insuficiencia ovárica primaria se deben a la presencia de una alteración del cromosoma X, como en el caso del síndrome de Turner (niñas con cariotipo X0), o en el caso del síndrome del cromosoma X frágil, en el que no se sintetizan unas proteínas necesarias para el correcto funcionamiento del cerebro, más acusado en varones, pero que en mujeres se ha asociado al FOP. Si tenemos alteraciones genéticas en los cromosomas, se pueden producir alteraciones en el metabolismo de las hormonas, lo que podría desencadenar una menopausia precoz. De hecho, puede ser hereditaria: si tu madre la ha tenido, debes estar alerta y hacerte revisiones para prevenir un fallo ovárico primario o tratarlo, además de asegurarte la descendencia criopreservando ovocitos mientras aún sean de buena calidad.

Tratamientos médicos

En caso de mujeres jóvenes con cáncer, a veces es necesario recurrir a tratamientos agresivos, como una cirugía o una quimioterapia, que pueden anular los ovarios, e incluso quizá haya que extirparlos. Tal vez la consternación inicial del diagnóstico impida pensar más allá del tratamiento para el cáncer, pero los médicos debemos concienciarnos más de la necesidad de informar a estas pacientes de las opciones de las que disponen, no solo para embarazarse, sino para prevenir las consecuencias a largo plazo de perder los estrógenos a tan temprana edad.

Para mantener la fertilidad, si el tumor no es hormonodependiente, hay que valorar la posibilidad de congelar ovocitos, o parte del ovario, antes de comenzar el tratamiento. Los centros oncológicos cada vez son más conscientes de este problema y ofrecen la posibilidad de congelar ovocitos a las pacientes jóvenes que deben someterse a un tratamiento por cáncer. No se garantiza la consecución de un embarazo, pero aumentan las posibilidades.

Más allá de la maternidad, hay que pensar en un fallo ovárico precoz en caso de que se haga una intervención en el útero o los ovarios antes de los cuarenta años. También hay que considerar esa posibilidad en caso de embolización de las arterias uterinas (una intervención no invasiva para reducir miomas o sangrados), pues podría afectar a la función ovárica, al reducir su vascularización, por lo que no sería aconsejable en mujeres jóvenes.

Infecciones

A todas nos suena lo de padecer alguna enfermedad vírica que afecta a la fertilidad, como las famosas paperas (parotiditis), hoy casi erradicada por las campañas de vacunación. Sin embargo, no hay bastantes pruebas científicas que sustenten que la insuficiencia ovárica sea de causa infecciosa.

Tóxicos ambientales

Cada vez estamos más concienciados con el daño que causa al medioambiente la presencia de microplásticos (bisfenoles), disolventes, pesticidas o tabaco, entre otros compuestos químicos. Estos actúan como disruptores hormonales y confunden a las células, alterando la función ovárica.

Síntomas de la menopausia precoz

Son distintos los motivos que te pueden haber llevado a la consulta de tu médico. Quizá hayas notado cambios en el patrón de la regla; por ejemplo, que cada vez haya menos cantidad de sangre o que la menstruación se vaya espaciando cada vez más. Tal vez lleves tres meses sin regla y tengas menos de cuarenta años.

Otros motivos son los famosos sofocos, a los que quizá no les hayas dado importancia o te hayas negado a reconocerlos, pues eso es algo que solo les ocurre a las señoras mayores, no a ti. Los sofocos no te dejan descansar bien y al día siguiente estás más lenta, rindes menos y recuerdas peor los nombres de las cosas. También puede ser que sientas menos ganas de tener relaciones con tu pareja y, encima, te notes secas, lo que no ayuda.

O puede ser que, tras un tiempo buscando el embarazo, aún no lo hayas conseguido, pero tienes la regla de vez en cuando, lo que te desconcierta.

Si te reconoces en algo de esto, visita a tu médico, pues es necesario saber la causa de la menopausia precoz. Pueden ser varias, así que vamos a analizarlas.

Diagnóstico de la menopausia precoz

Como ya he dicho en otro capítulo, no es una analítica hormonal lo que nos hace saber la llegada de la menopausia, sino la ausencia de regla a partir de los cuarenta y cinco años. Antes de esta edad, hay que actuar con mucha prudencia e intentar averiguar la causa del fallo en los periodos menstruales, por lo que puede ser necesario realizar determinaciones hormonales específicas (FSH, LH, estradiol, prolactina y TSH).

Este diagnóstico no es preventivo, es decir, que no se hace ordinariamente, por lo que habrá que basarse en el historial clínico típico de menopausia prematura. Si tienes menos de cuarenta años con amenorrea (ausencia de regla) de entre tres y seis meses y síntomas como sofocos o sequedad vaginal, te harán diferentes pruebas para buscar la causa.

La prueba elemental es la analítica de sangre para determinar los niveles de FSH (la hormona que estimula el crecimiento del ovocito en el ovario). Si está por encima de 40 UI/l, hay que repetirla en el plazo de un mes o dos para confirmarlo. También habrá que conocer los niveles de estradiol (la hormona que producen los ovarios), de tirotropina (TSH, por sus siglas en inglés) para descartar alteraciones del tiroides y de prolactina (la hormona de la lactancia), que puede producir ausencia de regla si está muy alta. Y, aunque te parezca extraño, también se hace un test de embarazo, porque tampoco se puede obviar esa opción.

Si hay posibilidad de hacer una ecografía vaginal, se podría diagnosticar si hay algún quiste ovárico que justifique ese retraso en los ciclos o ver si hay un embarazo. También se valora el aspecto general de los ovarios por si no hay folículos visibles.

Si hay sospecha de enfermedad inmunológica, genética o infecciosa, se realiza alguna prueba más, pero no es lo habitual, pues, como he dicho antes, en la mayoría de los casos no se conoce la causa de la menopausia precoz.

El diagnóstico es definitivo la mayoría de las veces y, posiblemente, ya no se restaure la función ovárica, pero la medicina no es una ciencia exacta y un 5-10 % de mujeres recuperan la función ovárica, e incluso se embarazan de manera espontánea. Lamentablemente, las demás, si aún no han tenido hijos y los desean, deben recurrir a tratamientos de fertilidad.

Tratamientos para la menopausia precoz

Es importante que conozcas que la menopausia antes de los cuarenta años debe tratarse con reemplazo hormonal si es posible, pues las secuelas físicas y psíquicas a largo plazo son importantes. Si es tu caso, empezarás a descalcificarte y tendrás más riesgo de fracturas osteoporóticas, de enfermedad cardiovascular, por el mayor deterioro de la pared de los vasos sanguíneos, y de deterioro cognitivo (diez años antes de lo habitual), por lo que tu calidad de vida y tu esperanza de vida se pueden ver alteradas.

El tratamiento es muy necesario y no se puede retrasar. Consiste en suplementar los estrógenos que faltan con anticonceptivos hormonales con estrógenos o con terapia hormonal de reemplazo. Algunas mujeres prefieren anticonceptivos, pues producen una menstruación regular y mantienen la ilusión de seguir teniendo ciclos normales. No obstante, a veces esos tratamientos no son capaces de mantener los síntomas a raya y es necesario iniciar la terapia de reemplazo tradicional que lleve más dosis de estrógeno, aunque también existen pautas cíclicas por si se desea mantener la menstruación.

Si es tu caso y no deseas ser madre, quizá la mejor opción sea tomar anticonceptivos, pero, si no es posible y has de seguir el tratamiento tradicional, quizá tengas que pensar en un método adicional, como el preservativo o el DIU, debido a que en ocasiones (un no despreciable 4 %) la función ovárica se recupera espontáneamente y se producen ovulaciones, lo que, por supuesto, incrementa las posibilidades de embarazo. Si deseas ser madre, puedes recurrir a tratamientos de fertilidad, como la donación de ovocitos.

A todo esto, por supuesto y ya es un mantra, hay que añadir la necesidad de mantener un estilo de vida saludable: dieta rica en calcio, vitamina D y omega 3 y ejercicio regular. Y, como no, abandonar el tabaco.

Si te encuentras en esta situación, también es importante que consideres la necesidad de acompañamiento psicológico para adaptarte a ella, pues es inesperada y puede alterar tus planes de vida. A veces, la noticia es dura y es posible que necesites un tiempo y espacio para asimilarla. Pero, si te cuidas, sigues tu tratamiento y te haces los controles, puedes tener una vida plena y la fecha de finalización de tus ciclos menstruales no ser más que una anécdota, y no un condicionante.

Para saber más

Hay estudios para determinar si las mujeres con insuficiencia ovárica primaria se pueden beneficiar de la suplementación con testosterona y DHEA, pero todavía no hay suficientes pruebas. Por ahora, no se han encontrado beneficios frente al tratamiento tradicional con estrógenos y progesterona.

La donación de ovocitos es el tratamiento de fertilidad más eficaz en el fallo ovárico prematuro, pero actualmente hay estudios que buscan inducir la ovulación en casos seleccionados.

Para recordar

- La insuficiencia ovárica primaria es el cese de función ovárica antes de los cuarenta años.
- Puede deberse al síndrome de ovario poliquístico, a trastornos del tiroides o a enfermedades genéticas o autoinmunes, metabólicas o infecciosas, aunque muchas veces se desconoce la causa.
- Los síntomas son similares a los de la menopausia fisiológica, pero la mayor preocupación suele ser la infertilidad.
- El diagnóstico es clínico (ausencia de periodos) y analítico, con FSH elevada y estradiol bajo.
- El tratamiento puede enfocarse a tomar anticonceptivos para mantener unos ciclos regulares u hormonas de reemplazo. El abordaje de la fertilidad debe considerarse individualmente.
- El deterioro de la calidad y esperanza de vida es notorio, por lo que siempre debe tratarse.

Las preguntas más frecuentes de mis pacientes

¿Qué puede adelantarme la menopausia?

El estrés es un factor que puede producir ausencia de regla, por lo que este podría inhibir tus menstruaciones un poco antes de lo esperado.

Si he tenido la primera regla pronto, ¿me vendrá la menopausia pronto?

No es así. No hay manera de saber cuándo tendrás la menopausia, aunque sí puede haber cierta herencia, sobre todo si tu madre ha tenido una menopausia precoz, en cuyo caso debes estar más pendiente.

16

Anticoncepción en la menopausia y perimenopausia

La menopausia es un momento de profundos cambios para la mujer, no solo en el plano físico, sino también en el emocional y el psicológico. En esta etapa de la vida, las relaciones adquieren una nueva dimensión y pueden verse afectadas de diversas maneras. Algunas mujeres pueden experimentar una mayor sensibilidad, tanto física como emocional, lo que puede influir en la forma en que se comunican con sus parejas y seres queridos.

La sabiduría de la menopausia, **Christiane Northrup**

Hablar de anticoncepción en esta etapa parece un poco contradictorio, pues no paro de decir que la fertilidad disminuye a partir de los cuarenta y que en perimenopausia tendremos ciclos anovulatorios, por lo que sería más difícil lograr un embarazo espontáneo. Y así es, pero la medicina no es una ciencia exacta, aunque no te lo creas, así que algún sustito podríamos llevarnos. Me remito a los datos: entre los cuarenta y los cuarenta y cuatro años, la posibilidad de embarazo es del 10 % y, entre los cuarenta y cinco y los cuarenta y nueve, se reduce al 2 %. A estas edades, también habría más posibilidades de sufrir un aborto espontáneo (más de un 50 % por encima de los cuarenta y cinco años), cromosomopatías y problemas maternos en el embarazo, como diabetes, preeclampsia y hemorragias posparto. Debemos estar prevenidas.

Esta etapa de transición a la menopausia no puede ser una excusa para no usar una anticoncepción segura, si es necesario. Bien es cierto que la posibilidad de quedarse embarazada es mucho menor, pero no se descarta. De igual modo, pese a todo lo malo que les atribuyen a los anticonceptivos hormonales algunas fuentes poco formadas, no es necesario suspender su uso por tener más de cuarenta años, ya que en esta etapa tienen la ventaja no solo de evitar un embarazo no planificado, sino de mejorar los síntomas vasomotores, los sangrados irregulares o abundantes, las migrañas y los síntomas premenstruales, además de proteger contra el cáncer de endometrio y de ovarios y prevenir la pérdida ósea, en caso de presentar síntomas de perimenopausia. Asimismo, su uso sirve de antesala para adaptarse a los cambios menopáusicos, permitiendo una transición más tranquila a esta etapa, haga falta terapia hormonal o no.

En definitiva, extrema la precaución y no bajes la guardia. Si no quieres tener niños o no pretende tener más, evidentemente tendrás que seguir usando métodos anticonceptivos hasta el cese de las menstruaciones. Es importante que conozcas que los métodos anticonceptivos hormonales tienen una ventaja añadida en caso de sangrados por pólipos, miomas o desajustes hormonales, pues evitan muchas cirugías y complicaciones posteriores.

¿Por qué ocurren los sangrados anormales?

Ya he mencionado en el capítulo de los sangrados anormales que, en cada ciclo menstrual, nuestro cuerpo consume mucha energía, enfocada básicamente a lograr madurar un ovocito de los que tenemos en el ovario para que alcance el tamaño ideal y se libere a la cavidad abdominal, donde la trompa lo detecta y lo dirige hacia el útero, esperando encontrarse por el camino con un espermatozoide que lo fertilice. Si eso no ocurre, ese ovocito llega a la cavidad endometrial sin fertilizar, la cual, al detectar que no hay embarazo, se desprende, iniciando la menstruación. Así, comienza un nuevo ciclo y se vuelve a intentar el mes siguiente.

No obstante, en la perimenopausia, las ovulaciones fallan, por lo que, al no desprenderse el ovocito, no se forma el cuerpo lúteo y no se produce progesterona, que es la que contrarresta a los estrógenos. Todo esto hace que tengamos más estrógenos de los debidos, lo que crea un endometrio irregular sin el cemento que lo cohesiona (la progesterona), por lo que causará manchados irregulares y sangrados abundantes, que nos descontrolarán el ciclo menstrual, unas veces por retrasos y otras por adelantos.

Aun así, es posible que un mes todo funcione correctamente por casualidad y ovules un ovocito en un ambiente hormonal adecuado que haga que se produzca la progesterona en la cantidad necesaria y que, además, ese mes hayas tenido relaciones y que tu pareja, si es un hombre (que seguramente también tiene su edad y sus espermatozoides ya no son lo que eran), te envíe a su mejor espermatozoide y ocurra lo que menos esperas: que te quedes embarazada.

Por tanto, salvo que tengas una ligadura de trompas, tu pareja se haya hecho una vasectomía si es hombre o tengas relaciones solo con mujeres, utiliza métodos anticonceptivos hasta que al menos lleves un año en amenorrea si tienes más de cincuenta años o dos años si tienes entre cuarenta y cincuenta. Confirmar la menopausia con una FSH superior a 40 UI en dos muestras separadas al menos un mes no es un método muy fiable para establecer que ya no se es fértil del todo.

Usar un método anticonceptivo es personal y dependerá de tus características individuales, de tu estado de salud y de tus preferencias, así que a continuación te explicaré todos los métodos para que tú misma decidas el más útil en tu situación.

Métodos anticonceptivos que se pueden usar en la perimenopausia

Preservativo

Un clásico. Además, te protege contra las infecciones de transmisión sexual. No tiene efectos secundarios, más allá de causar alergia en ocasiones, pero los hay sin látex, por lo que no hay excusas. Para los que dicen que les aprieta (¡menos lobos, Caperucita!), hay tallas. Otras ventajas son que no tiene hormonas y no engordan.

Por el contrario, interrumpe un pelín el acto sexual, aunque puedes ponerlo con cierta picardía, que para eso ya somos mujeres hechas y derechas y ya sabemos usar más armas, como colocar el preservativo haciéndolo parte del juego sexual, aunque muchos señoros se opongan. Quizá detrás de esta negativa esté el miedo a no estar a la altura, porque ellos, querida mía, también tienen problemas de erección y de autoestima. Si no tienes pareja estable, usar preservativo no es negociable; si se niega, ¡huye!

El preservativo figura como el método más usado en España, aunque, si te soy sincera, creo que en realidad es el método que más gente dice usar en España, aunque no siempre lo hace. Usado correctamente, su eficacia es del 98 %, pero usado mal, esta se reduce al 82 %.

Píldora anticonceptiva

Tal vez pienses que después de los cuarenta años la píldora está contraindicada, pero, afortunadamente, eso es cosa del pasado. No hay pruebas científicas que contraindiquen la píldora por la edad en sí misma. Ahora bien, al tener más años, puede que haya otros factores añadidos, como obesidad, HTA, diabetes o cualquier otra enfermedad que modifique el riesgo.

Existen preparados con estrógenos fisiológicos, y algunas píldoras incluso son específicas para controlar los desarreglos y sangrados de la perimenopausia, por lo que es una ventaja añadida. Además, controlan los ciclos, evitan hipermenorreas, disminuyen el riesgo de cáncer de ovario (hasta un 50 %), de endometrio (50-70 %) y de colon, protegen los huesos frente a la descalcificación y reducen los síntomas vasomotores.

Como primera elección, recomiendo esta composición: valerato de estradiol y dienogest o estradiol y acetato de nomegestrol. Convendría evitar los que lleven drospirenona como gestágeno, pues aumenta un poco el riesgo de tromboembolismo, aunque son los más eficaces para tratar los síndromes premenstruales siguiendo una pauta de 24 + 4.

Por tanto, si necesitas y no tienes contraindicaciones, no descartes los anticonceptivos hormonales, sobre todo si tu transición a la menopausia no es tan tranquila como esperabas y sufres de sangrados menstruales abundantes. Bien usados, su tasa de eficacia es del 99,7 %.

Anillo vaginal

Es un aro flexible que te introduces tú misma en la vagina, como si fuera un tampón. Las hormonas están en su interior y se van liberando gradualmente. Lo mantienes ahí colocado durante veintiún días y lo retiras siete días, tras los cuales se introduce uno nuevo. En esos siete días sin aro baja el periodo.

El anillo tiene la misma función que la píldora, inhibir la ovulación, pero con la ventaja de no depender de una toma diaria, por lo que hay menos posibilidad de olvidos. Al no pasar por el estómago, no se metaboliza en el hígado y presenta menos efectos secundarios. Las ventajas extraconceptivas son iguales que las de los anticonceptivos orales.

Personalmente, creo que es el más cómodo de los anticonceptivos hormonales combinados.

Parche

Al igual que el anillo, su aplicación transdérmica evita el paso hepático. Puede ser incómodo el pegamento que lo adhiere a la piel, pero es seguro. Se cambia cada semana, por lo que también reduce los olvidos. Se puede usar en caso de sobrepeso.

Píldoras de solo gestágenos

Son ideales para aquellas mujeres que necesitan anticoncepción, pero tienen contraindicados los estrógenos por obesidad o migrañas. Sin embargo, no protegen contra la osteoporosis, no reducen los síntomas vasomotores y pueden producir un patrón de manchado irregular.

Se comercializan dos tipos de píldoras de solo gestágenos (o «*free* estrógenos», como las llaman algunos): una de pauta continua que se toma todos los días sin descanso y otra en la que se dejan cuatro días sin toma para provocar una menstruación.

Implante

Entra dentro del grupo de anticonceptivos de solo gestágenos y sin estrógenos. Consiste en una varilla única con 68 mg de etonogestrel que se inserta con un aplicador especial en la cara interna del brazo. Dura tres años y su eficacia es del 99,95 %. Puede producir alteración del sangrado. Es un método que pueden usar con seguridad las mujeres obesas.

Dispositivo intrauterino de levonorgestrel (DIU)

Es mi favorito con diferencia. Se introduce en la cavidad uterina en la consulta y solo produce una ligera incomodidad. Su acción se debe a la liberación gradual de un gestágeno, el levonorgestrel, que actúa directamente sobre el endometrio inhibiendo su proliferación y la ovulación, además de espesar el moco cervical. No tiene estrógenos y se puede mantener entre cinco y ocho años. Otra ventaja añadida es que, si lo llevas y tienes síntomas menopáusicos marcados, como sofocos, bastaría con añadir estrógenos transdérmicos, una forma segura de tratarlos.

El DIU hormonal disminuye los sangrados irregulares y el riesgo de cáncer de ovario y de endometrio. ¿Qué más quieres?

DIU de cobre

Es una opción válida cuando no quieres usar hormonas o no puedes, aunque no está indicado en aquellas mujeres con reglas abundantes o dolorosas, pues incrementa los sangrados. Existe el mito de que no se puede usar si no has tenido hijos, pero no es cierto. Su eficacia es muy alta (99,4 %).

También se puede usar como anticonceptivo de emergencia si la relación de riesgo ha ocurrido en los cinco días anteriores.

Atención: si no tienes pareja estable, has de usar también preservativo por el riesgo de infecciones de transmisión sexual.

Anticoncepción de emergencia

Al hilo de lo mencionado con el DIU de cobre sobre los anticonceptivos de emergencia, en este caso se hace referencia a la posibilidad de recurrir a otras opciones que eviten un embarazo no planificado ante un olvido o descuido. La eficacia y la seguridad de estos métodos dependerán de lo rápido que se actúe.

El DIU de cobre se puede usar como anticonceptivo *a posteriori* los primeros cinco días desde el accidente, aunque no es el método ideal si en esta fase tus reglas son muy abundantes.

La famosa píldora del día después se puede tomar en las primeras 48 horas con una seguridad y eficacia contrastadas. Según su composición farmacológica, puede ser de dos tipos: la que lleva levonorgestrel es eficaz los dos primeros días tras el olvido y la de acetato de ulipristal lo es hasta cinco días después.

En España, es de venta libre en farmacias, pero esto no puede hacer que recurras a ella continuamente; en tal caso, plantéate qué estás haciendo con tu vida sexual.

Métodos no recomendados

Existen métodos anticonceptivos de mucha menor eficacia, como el Ogino o el control de la temperatura basal, que tienen cierta utilidad si tus ciclos son regulares, pero, como decía, lo típico de esta época es que los ciclos vayan por libre y, muchas veces, son impredecibles, por lo que cuesta buscar un patrón para orientarse.

La temperatura basal o el cálculo de días no se recomiendan, aunque hasta ahora te funcionasen, pues hay muchos ciclos anovulatorios que no siguen el patrón regular al que estabas acostumbrada. No digas que no te he avisado.

¿Cuándo acabar con la anticoncepción?

Muchas mujeres que llevan dos años o más de menopausia me preguntan si deben seguir usando métodos anticonceptivos, aunque la verdad es que es muy raro que se produzca un embarazo a esas edades. Todo el mundo conoce el caso de la abuela que se embarazó con cincuenta, pero a lo mejor no era así, sino que se trata de un rumor que quedó en la familia y, si fue así, quizá no fuera su primer hijo, sino el sexto o el séptimo. Hoy en día, no puedes fiarte de lo que te digan, porque los embarazos en mujeres de más de cuarenta y cinco suelen ser por tratamientos de fertilidad y con donación de ovocitos de mujeres más jóvenes. Pero no te lo van a contar.

Para confirmar la incapacidad total para quedarte embarazada, debes esperar dos años de amenorrea si tienes entre cuarenta y cincuenta años, mientras que, por encima de esa edad, un año de amenorrea es suficiente. Valorarlo mediante una analítica no es muy fiable y no se recomienda.

Para saber más

Los anticonceptivos y los tratamientos hormonales en la perimenopausia y la menopausia están compuestos de un estrógeno y un gestágeno.

El estrógeno sintético que más se usa es el etinilestradiol, que es el principal componente de muchos anticonceptivos. La dosis es de 15-35 µg. Actualmente, hay estrógenos más similares a los que producimos naturalmente: el estetrol, el estradiol y el valerato de estradiol.

El gestágeno es el que en realidad tiene el poder anticonceptivo. Existen diferentes generaciones que buscan efectos más allá de la anticoncepción. Por ejemplo, uno de los gestágenos más usados es el levonorgestrel, que aporta mucha seguridad cardiovascular, pero no es el más aconsejado si hay problemas de vello o acné. En estos casos, se recomiendan aquellos que tienen cierto poder antiandrogénico, como el acetato de ciproterona, la clormadinona o el dienogest. Para aquellas mujeres que tengan retención de líquidos, la drospirenona es el gestágenos más indicado.

Por otro lado, existen anticonceptivos que solo llevan el gestágeno, evitando así los efectos secundarios del estrógeno. Son muy eficaces evitando el embarazo y disminuyendo los sangrados abundantes, aunque puede que el ciclo cambie y el sangrado no sea regular, como ocurre con las píldoras tradicionales.

La píldora de emergencia es una solución en caso de tener relaciones sexuales sin protección. En España, hay dos versiones, una con levonorgestrel y otra con acetato de ulipristal.

Para recordar

- En la fase de transición a la menopausia, quizá sea necesario usar un método anticonceptivo, pues no se puede descartar un embarazo espontáneo, aunque sea poco probable.
- Los anticonceptivos hormonales son una buena opción si además se desea regular los síntomas de la transición a la menopausia.
- Existen diferentes métodos, por lo que se puede escoger el más adecuado a la situación personal.
- No se recomiendan los métodos basados en la duración del ciclo ni en el control de la temperatura basal.
- Se ha establecido que es seguro dejar los métodos anticonceptivos tras dos años sin regla entre los cuarenta y los cincuenta años y tras un año a partir de entonces.

Las preguntas más frecuentes de mis pacientes

¿Me puedo quedar embarazada durante la menopausia?

En la menopausia, no puedes embarazarte espontáneamente, pues tu cuerpo ya no genera ovocitos útiles. No obstante, puedes recurrir a tratamientos de fertilidad: se fecundan *in vitro* ovocitos de una mujer más joven con espermatozoides de tu pareja o de un donante en el laboratorio y, después, se introduce el embrión en tu útero. Que sepas que la mayoría de los embarazos en mujeres mayores son por tratamientos de fertilidad.

¿Por qué mi médico me ha recomendado un anticonceptivo hormonal si tengo hecha la ligadura de trompas?

Esta puede parecer una pregunta trampa, pero muchas veces los ginecólogos aconsejamos un anticonceptivo hormonal en esta época no solo para evitar el embarazo, sino para tratar determinadas enfermedades que producen sangrados abundantes o trastornos premenstruales.

17

Ginecología regenerativa, estética y funcional: ¿marketing o realidad?

La belleza exterior no es más que el encanto de un instante.
La apariencia del cuerpo no siempre es el reflejo del alma.

George Sand

Una nueva especialidad ginecológica ha llegado en los últimos años para quedarse: la ginecología estética, regenerativa y funcional. Hasta ahora, parte de esta labor la realizaban los médicos estéticos y los cirujanos plásticos, pero en los últimos años los ginecólogos hemos asumido esta función porque notábamos que cada vez más pacientes nos lo demandaban. En nuestra especialidad, ya era habitual tratar, por ejemplo, la incontinencia de orina o la hiperlaxitud de la vagina o el recto, que se operaban cuando suponían una molestia importante para la paciente, pero nunca para satisfacer una demanda estética.

Sin embargo, cuesta reconocer que los gines, en cierto modo, íbamos un poco por detrás de las necesidades de las mujeres. La prensa, la televisión y las redes sociales nos remiten continuamente a una imagen corporal femenina en cierto modo inalcanzable. Debido a esto, estamos viviendo un *boom* de trastornos de la conducta alimentaria y de trastornos de ansiedad entre las mujeres jóvenes y no tan jóvenes por intentar adecuarse a algo irreal e ilógico. Actualmente, parece que una mujer debe ser atractiva, inteligente, eficiente y eficaz, buena madre, excelente compañera, deportista, experta en nutrición y modelo de conducta. Y, si tú no eres así, háztelo mirar..., o eso nos transmiten. Esta idea nos la inculcan todos los días a todas horas.

No obstante, quizá nosotras, las *menoboomers*, hayamos tenido un pelín menos de influencia en este sentido, puesto que venimos de una generación que creció sin redes sociales en el momento de afianzar la personalidad. Si queríamos saber algo de la vida de nuestras amigas, teníamos que quedar con ellas para hablar y echarnos unas risas. Y, para tener noticias de los chicos que nos gustaban, no nos quedaba otra que movernos por los «sitios de juventud», que decían nuestros padres, a ver si coincidíamos con ellos («¡Qué casualidad! ¿Tú por aquí?»). Ya ves que necesitábamos motivación, esfuerzo y tiempo para cotillear. Nuestras referencias eran más cercanas y, aunque admirábamos a actrices y modelos, sabíamos que eran eso, actrices y modelos, y que no podían ser nuestros referentes; nos conformábamos con verlas en las revistas del corazón.

Más allá de la estética

Sin embargo, la sociedad ha cambiado muchísimo en los últimos años y las necesidades y demandas de las mujeres no son las mismas que antes. **Ya no nos vale eso de que algo sea normal porque sea frecuente**. Así, ha aumentado la demanda de servicios de ginecología estética, pues el aspecto de los genitales importa, a pesar de que sean una zona íntima. ¿Sabías que España es el primer país europeo en demanda de tratamientos estéticos de cualquier tipo y el cuarto del mundo? Si bien con la crisis económica se han reducido las intervenciones, han surgido tratamientos ambulantes más accesibles y económicos.

Los ginecólogos hemos recibido este cambio de actitud respecto a esa zona anatómica de diferente manera: algunos colegas critican esta tendencia, mientras que otros se han entregado en cuerpo y alma a ello, ampliando incluso su formación para hacer tratamientos estéticos faciales y corporales. En mi caso, como muchos, he decidido quedarme en un término medio, pues entiendo las necesidades de las mujeres, pero también soy escéptica ante muchos tratamientos innecesarios y soy consciente de que debemos frenar la dismorfia o percepción errónea de los defectos corporales. Es cierto que, durante muchos años de ejercicio, realicé labioplastias (reducción del tamaño de los labios menores), pero por la simple razón de que producían dolor o molestia a las pacientes, ninguna porque la paciente me dijera que esa zona le parecía fea, pues además tampoco había con quien compararse, ya que, como decía, era algo íntimo.

No obstante, ahora disponemos de un rápido acceso a muchísima información gracias al móvil, aunque por desgracia sin ningún control y sin demasiado criterio. Estamos infoxicados, y a ello también ayudan, y muy malamente, las referencias que hay para decidir qué modelo de genitales es el adecuado, bonito o estético. Sí, me estoy refiriendo al porno. No vamos a discutir aquí la utilidad, ética y necesidad del porno, pero, si es la única fuente de educación sexual de nuestros jóvenes y solo aparecen cuerpos nada normativos, es como si les decimos que lo que ven en cualquier película de *Los Vengadores* es factible y que pueden saltar de edificios y volar por tener poderes extraordinarios. Sin otras referencias, pueden llegar a creer que lo que ven es real o factible, como ciertas posturas y escenas de sexo a varias bandas, pero lo peor es que creen que a las mujeres nos gusta eso. Para colmo, no son conscientes de que las actrices están retocadas y tienen unos genitales de muñeca Barbie (¡Hey, Barbie!), que no se corresponden con los que se consideran normales, sino que más bien son propios de la infancia. Sin embargo, tampoco podemos pensar que este uso del porno sea cosa de hombres, idea ya superada, pues diferentes estudios han demostrado que hoy en día son más las mujeres que consumen porno en el móvil que hombres. ¿Sorprendida?

Además de lo mencionado, la ginecología estética surge en el contexto en que las mujeres vivimos más años y queremos vivirlos plenamente y mantenernos jóvenes para siempre. Las empresas lo saben y hacen fuertes campañas de marketing con el lema «rejuvenecimiento» o «*anti-aging*», y no solo para la cara, sino también para los genitales. Yo me opongo al prefijo *anti-* y prefiero el *pro-*: *pro-aging* o *well-aging*. Esto puede parecer una tontería, pero las palabras, debido a su fuerza psicológica, determinan la actitud con la que encaramos los problemas. Por ejemplo, obsesionarse con que los genitales están oscuros o son feos, con que la vulva está flácida o con que los labios menores son largos, me parece una presión psicológica tremenda, así que, si una mujer piensa así, la ayudaré, pues para eso estoy y me he formado.

Dicho esto, para mí no es igual tratar a una paciente obsesionada con tener una determinada forma de genitales que a una que sufre molestias durante las relaciones o incomodidad al practicar deporte por tener los labios menores más largos de lo habitual. O a una que nota peso en la vagina tras los partos y se le escape la orina o no siente lo mismo en las relaciones por haberse quedado holgada, por definirlo de alguna manera.

Hasta ahora, muchas mujeres eso lo padecían en silencio y, con frecuencia, si se lo comentaban al médico, este las apartaba con un «Señora, eso es normal». Repito: que sea habitual no significa que sea normal, por lo que los médicos tendríamos que decir «Eso es muy frecuente» (¿ves la importancia de las palabras y su repercusión mental?).

Así, a la consulta, acuden a diario pacientes, con cierto miedo y vergüenza, que quieren una cirugía o tratamiento estético de sus partes y buscan la aprobación médica. Es algo muy habitual tras un parto si ha quedado alguna cicatriz en el introito y produce dolor y molestias en las relaciones, o si se sufren pérdidas de orina o el chorro ya no va derechito y con fuerza a la taza del baño. Sin embargo, cuando objetivamente no aprecio ningún problema orgánico o funcional, me cuesta entenderlo. Aquí lo fácil sería tratar y cobrar, pero, al igual que muchos cirujanos plásticos se niegan a operar a determinadas pacientes porque detectan anormalidades, lo mismo debería ocurrir con los especialistas en rejuvenecimiento vaginal. Aquellas pacientes con distrofias y percepciones erróneas nunca estarán satisfechas. Por ejemplo, querrán que se les amputen los labios menores, cuando estos necesitan tener cierto tamaño para proteger la vagina del exterior.

La ginecología clásica se ha actualizado y los especialistas hemos intentado formarnos para tratar estas morfologías, pero desde un punto de vista más científico o serio, y no solo como una oportunidad de negocio. Dentro de la ginecología regenerativa, merece una mención especial la reconstrucción del clítoris y los genitales en mujeres que han sufrido amputaciones por cuestiones culturales o religiosas, pero no voy a entrar en este importante problema social y cultural, pues no es el tema de este libro.

De todo esto, como decía, ha surgido la ginecología estética, regenerativa y funcional como subespecialidad ginecológica en la que se fusionan conceptos y tratamientos médicos de la ginecología, la cirugía y la medicina estética. Con ella, intentamos apoyar a nuestras pacientes de una manera seria y reglada para restaurar la anatomía y la fisiología de esa zona. Por otro lado, está la cirugía cosmética (esta palabra viene del griego *kosmetikos*, 'adorno', y se ha usado mucho en la historia), muy ligada a la anterior. Estas prácticas de adorno y embellecimiento del cuerpo se usaban antiguamente con mayor o menos éxito, pero hoy en día se publicitan ciertos tratamientos de cosmética genital usando la palabra ancestral como reclamo publicitario, como para evidenciar su eficacia. Seguro que has pensado en algunas personalidades, no del mundo de la medicina precisamente, que utilizan su imagen para fomentar este tipo de terapias alternativas, como las vaporizaciones vaginales para curar enfermedades de la zona y mejorar la flora vaginal y la elasticidad. En cierto modo, la idea es buena, pues se basa en aplicar calor local, algo que hacen los dispositivos basados en la energía, con la diferencia de que en este último caso el calor está controlado y se aplica sobre zonas concretas.

Antes de continuar, me gustaría que le echaras un vistazo al mural *The great wall of vagina*, de Jamie McCartney, una obra de arte que muestra la gran diversidad de formas de vulvas existente y que pretende abrir la mente de las personas ante la idea de que no hay un único modelo de vulva y que todas son normales. Ahora podemos seguir hablando.

¿De qué armas disponemos los ginecólogos para ayudar a nuestras pacientes? Pues de láseres, radiofrecuencia, ultrasonidos focales de alta intensidad, carboxiterapia, hilos tensores, exosomas, plasma rico en plaquetas, ácido hialurónico, toxina botulínica, silla de estimulación magnética..., aparte de la cirugía convencional, aunque esta supone un coste mayor y más riesgo de complicaciones, pese a su seguridad.

Si ya te habías decidido a usar esas técnicas regenerativas, has de saber que debe realizarlas personal sanitario formado y entrenado correctamente. Es posible que tu gine o médico habitual no esté formado en el tratamiento de estas técnicas, pero te indicará si esos tratamientos te beneficiarían y te remitirá a un colega o centro especializado.

¿Cuándo usar esas técnicas?

Cuando creas que las necesitas. Muchas mujeres recurren a estos tratamientos más conservadores cuando notan una bajada en la satisfacción sexual por ausencia de lubricación, falta de elasticidad vaginal, pérdidas de orina o picores e irritación. Otras no se encuentran cómodas al tener los genitales más oscuros o más grandes de lo que creen normal.

El parto, la lactancia, operaciones por tumores, la edad, etc., pueden modificar el aspecto del aparato genitourinario y alterar su función. Si alguna de estas situaciones ha afectado a tu calidad de vida, puedes recurrir a la ginecología estética, regenerativa y funcional.

Técnicas puramente estéticas

Estas no son médicas, por lo que pueden resultar controvertidas y nunca debería indicártelas tu médico al acudir a una revisión normal. Si eres tú la que ha tomado la decisión libremente, recuerda que debes estar bien informada de la intervención y de los riegos que supone, además de firmar un consentimiento informado en el que se te explique todo eso. Tanto los síntomas como el aspecto inicial y posterior a la intervención deberían documentarse por escrito y con fotografías. A veces, las técnicas meramente estéticas ocultan un trastorno funcional que también merece la pena corregir.

A continuación, te explico las más habituales:

- **Labioplastia:** reducción del tamaño de los labios menores mediante cirugía tradicional o láser (puede intervenirse un labio o los dos). También se puede aumentar o corregir la flacidez de los labios mayores. En ocasiones, es necesario retocar el capuchón del clítoris, lo que complica la intervención. No se aconseja a menores de dieciocho años, pues su cuerpo aún está en formación.

· **Himenoplastia:** reconstrucción del himen. Es muy cuestionada porque se asocia a la virginidad. Su demanda es más propia de mujeres de otras religiones y culturas.

· **Reducción de la lipodistrofia en el monte de Venus:** aspiración de la grasa sobrante en esa zona del pubis, que resulta molesta para algunas mujeres.

· **Vaginoplastia:** corrección mediante cirugía o técnicas mínimamente invasivas de la hiperlaxitud, celes o partes caídas que asoman al exterior de la cara anterior o posterior de la vagina. Aunque parece una indicación meramente estética, en realidad el prolapso de la cara anterior y posterior de la vagina por el introito es molesto y favorece las infecciones de orina y la sensación de peso continuo en la zona.

· **Blanqueamiento de genitales:** aplicación de láseres o agentes químicos para aclarar las zonas que rodean la entrada de la vagina y del ano.

· **Eliminación de estrías o cicatrices:** sobre todo, se hace tras los partos.

Técnicas funcionales

En estos casos, se pretende corregir un trastorno funcional, como celes, incontinencias o disfunciones sexuales, que pueden originar incontinencia de orina, de heces o de gases, molestias durante las relaciones o dolor vulvar crónico. A continuación, te indico los problemas que más suelen tratarse.

· **Hiperlaxitud vaginal:** corrección de prolapsos de la cara anterior y posterior de la vagina con hilos tensores, láser, radiofrecuencia, sillas de estimulación magnética, etc., para aumentar el tono de la vagina sin necesidad de recurrir a la cirugía.

· **Sequedad vaginal:** tratamiento con láser, plasma rico en plaquetas, ácido hialurónico o radiofrecuencia cuando la aplicación de cremas resulta incómoda o está contraindicada.

· **Incontinencia urinaria:** mejora de los casos leves con láser, radiofrecuencia, ultrasonido focalizado de alta intensidad (HIFU, por sus siglas en inglés), silla de estimulación magnética o hilos tensores. Muchas mujeres con incontinencia moderada prefieren estas técnicas no invasivas con tal de no entrar en quirófano; aunque no se curen del todo, su calidad de vida mejora.

· **Liquen escleroso vulvar:** tratamiento adyuvante y corrección de complicaciones usando láser, plasma rico en plaquetas (PRP), ácido hialurónico o exosomas. El tratamiento consiste en la aplicación tópica de corticoides de alta potencia, por lo que todas estas opciones son una ayuda, pero no la solución definitiva. Antes de someterse a ellos, hay que seguir la pauta médica indicada y no abandonarla.

· **Cicatriz de episiotomía:** mejora del aspecto y, sobre todo, disminuye la tensión y las molestias que causa la cicatriz tras el parto mediante infiltración local de ácido hialurónico, láser o carboxiterapia.

· **Pterigium vulvar y dolor en las relaciones:** tratamiento con láser o ácido hialurónico. Resulta muy eficaz cuando las molestias en las relaciones se deben a la presencia de esta membranita en el introito.

· **Verrugas genitales y otro tipo de lesiones cutáneas:** tratamiento muy eficaz en una sola sesión y no deja cicatriz.

· **Lesiones de bajo grado secundarias al virus del papiloma:** aclaramiento del virus y mejora de la citología mediante láser. Está aún en estudio, pero tiene resultados prometedores.

· **Falta de respuesta sexual mediante aumento del punto G:** técnica un poco controvertida porque el placer depende de más cosas que del tamaño de una zona específica de la vagina. Personalmente no le veo sentido.

Técnicas regenerativas

Con este término nos referimos a aquellos tratamientos que estimulan y mejoran los tejidos de la zona vaginal y perineal. Las más comunes son:

· **Grasa autóloga:** tratamiento del liquen o relleno de labios mayores. Son intervenciones más complejas que debe hacer personal formado y que precisan la utilización de un quirófano. Se extrae grasa de la zona que se desea afinar en el abdomen, se procesa y se reaplica en la zona por tratar. Se usa para mejorar el aspecto dando volumen y densidad.

· **Plasma rico en plaquetas (PRP):** tratamiento de la sequedad vaginal y liquen escleroso o mejora del aspecto de los genitales externos.

· **Células madre, líquido amniótico, membrana amniótica y exosomas:** técnicas más novedosas y todavía sin suficientes estudios de seguridad a largo plazo. Se utilizan en la regeneración de tejidos, así como en la sequedad vaginal o el liquen vulvar.

Para recordar

- La ginecología estética funcional y regenerativa es una subespecialidad que pretende solucionar cambios en la morfología y función del cuerpo con tratamientos mínimamente invasivos.
- El personal sanitario que indique y aplique estos tratamientos debe estar formado y acreditado.
- La principal ventaja es que estos tratamientos se realizan de manera ambulatoria y sin necesidad de anestesia general, por lo que la recuperación es más rápida y menos molesta.
- El láser, la radiofrecuencia, la estimulación magnética, el ácido hialurónico y la toxina botulínica son los más usados.

18

Menopausia transgénero

Sé quién eres y di lo que sientes,
porque a aquellos a quienes les molesta no importan,
y a quienes les importas no les molesta.

Theodor Seuss Geisel

Las personas trans han sufrido una marginación sistemática en nuestra sociedad y, por desgracia, también en la sanidad. Su reconocimiento ha hecho que la medicina se adapte a sus necesidades. Sin embargo, aunque parezca increíble, ni durante mi formación médica ni durante la especialidad de ginecología se abordaba este tema en concreto. De hecho, lo único que se estudiaba eran los estadios intersexuales, cuando los bebés nacían con genitales ambiguos y no se tenía claro si era un niño o niña porque el pene era muy pequeño o el clítoris estaba hipertrofiado, una discordancia entre el sexo genético (lo que dicen los cromosomas 46XY o 46XX), el sexo gonadal (si hay ovarios o testículos) y el sexo genital (si hay útero y vagina en las chicas o epidídimo y conducto deferente en los chicos). Entonces, la asignación del sexo se decidía en función de lo que indicaban los cromosomas, de la posibilidad reconstructiva y de la preferencia de los padres, con el debido asesoramiento por parte de genetistas, pediatras y cirujanos pediátricos.

Sin embargo, hoy este concepto es más amplio y debemos tener en cuenta el sexo fenotípico (el aspecto de los genitales secundarios), el psicosexual (cómo se identifica la persona) y el social (lo que se espera de ella). La diversidad de género no se puede considerar de entrada un problema de salud mental. Actualmente, se define como la **percepción de una descoordinación entre el sexo asignado y la experiencia individual**, lo que puede llevar a desear realizar una transición, que se hace mediante un tratamiento hormonal y, a veces, con una cirugía de reasignación de sexo.

Poco a poco, vamos abriendo la mente y aceptando que existe mucho más que el sexo binario (hombre o mujer).

Ahora hay más definiciones que pertenecen a la esfera privada y personal. Las personas trans pueden tener un sexo cromosómico, gonadal y genital concordante, pero presentar una incongruencia de percepción psicológica. No obstante, no podemos negar que al final solo hay dos sexos genéticos, femenino o masculino, atendiendo a los cromosomas y a la visualización de los genitales externos, pero después influye cómo se ve a sí misma una persona y cómo se relaciona sexualmente con las demás.

Si bien lo habitual es creer que todas las personas trans pasan por una reasignación de sexo quirúrgica y hormonal, no siempre es así. Contrariamente a lo que suele creerse, la cirugía de reasignación solo se realiza en el 10 % de las personas trans, aunque un 45 % reconoce desear hacerlo en un futuro. Así, en la consulta de ginecología, asistimos a varones trans (persona nacida mujer que se siente varón) que mantienen sus genitales internos y externos intactos, aunque estén siguiendo una terapia con testosterona, la cual les proporciona la apariencia externa de varón. Tampoco podemos adelantar su orientación sexual, pues podrían tener preferencia por hombres, mujeres o ambos.

Si eres un varón trans, estás en tratamiento con testosterona y mantienes tus órganos genitales internos, puede que te surjan dudas al llegar a la menopausia: ¿mi cuerpo reaccionará igual? ¿Necesito alguna suplementación especial?

Los médicos aún estamos aprendiendo a afrontar estas situaciones, pero las personas trans también deben conocer a qué se enfrentan, aunque hay pocas investigaciones científicas sobre el seguimiento y el tratamiento de esta época de la vida. Además, las personas trans muchas veces evitan el sistema sanitario por miedo, vergüenza o temor al rechazo por parte del personal sanitario. Por ello, pueden tener más riesgo de que las marginen o agredan y de tener enfermedades crónicas, ansiedad, depresión e ideas suicidas.

Entrar en este tema requeriría otro libro. Sin embargo, quiero dedicar este capítulo a ello con fines introductorios y advierto de que cualquier análisis más allá del criterio médico se escapa del objetivo planteado.

Transgénero en la consulta de ginecología

Lo fundamental es que como persona trans te sientas segura en la consulta e incluso tengas la libertad y opción de indicarle a tu médico cómo quieres que nombremos las partes de tu cuerpo como genitales externos e internos en vez de mencionar vulva y vagina.

También estás en tu derecho, si eres hombre trans y acudes a una consulta de ginecología, de solicitar un horario menos concurrido para no tener que esperar con las demás pacientes, incluso puedes acudir acompañado de una amiga o familiar.

Los médicos tenemos la obligación de conocer la diversidad transgénero y aprender a tratar a las personas trans con profesionalidad y respeto. Muchas veces, no sabemos cómo abordar el tema por la nula formación que hemos recibido, pero se puede lograr con buena fe y disposición.

Lo ideal es crear un ambiente seguro para esa persona. Normalmente, los ginecólogos vemos a varones trans que mantienen sus órganos genitales. Como puede haber cierta aversión a nombrar partes del cuerpo que les recuerden su estado anterior, se pueden usar términos medios, como *pecho*, en lugar de *mamas*, y *genitales externos o internos* para evitar hablar de *vagina*, *útero* y *ovarios*. También podemos preguntarle a esa persona qué palabras usa para referirse a ellas.

Asimismo, dada la incomodidad que puede suponer para un hombre trans acudir al ginecólogo, le podemos ofrecer la opción de que lo acompañe una amiga o de comunicar su situación para darle la opción de acudir en un horario menos concurrido y que no tenga que esperar con las demás pacientes. Esto es muy personal y depende de la naturalidad con que la persona trans y su médico aborden la situación.

Veamos los dos casos más frecuentes.

Mujeres trans y menopausia

Un caso habitual es el de la persona que ha nacido varón, pero se siente mujer y decide hacer la transición mediante tratamiento hormonal y, a veces, sometiéndose a las cirugías necesarias para la reasignación de sexo.

Si eres una mujer trans, no sentirás la menopausia por la terapia hormonal de reemplazo con estrógenos que tomas desde la transición. Normalmente, se dan bloqueantes de la testosterona, estrógenos y ocasionalmente gestágenos. Estas hormonas desarrollan las glándulas mamarias, redistribuyen la grasa corporal hacia las caderas y suavizan la piel.

No hay edad en la que se contraindique esta terapia, pero tampoco hay estudios que avalen su seguridad a largo plazo. Las escasas investigaciones que se han hecho sobre el tema indican que las mujeres trans que siguen terapia hormonal con estrógenos tienen más riesgo de tromboembolismo venoso, que aumenta el primer año de administración, sobre todo si es fumadora y obesa. Esto también ocurre en las mujeres cis (mujeres que nacen con sexo femenino y se sienten mujeres) que usan contraceptivos hormonales. Para disminuir los riesgos, se prefiere la administración transdérmica mediante gel o parche. El siguiente paso es ajustar la dosis y llevar un adecuado control médico, pero, si no hay acceso a los servicios sanitarios, muchas veces las mujeres trans optan por tratamientos comprados en internet o siguen pautas discontinuas, que no es lo óptimo y puede acarrear más riesgo de complicaciones.

Como la terapia con estrógenos se mantendrá de por vida, no tendrás una caída de hormonas, como ocurre con las mujeres cis, aunque puede que la cantidad de estrógenos que te administren se reduzca al llegar a los cincuenta años. Si bien no hay una sintomatología climatérica como tal, se han descrito ciertos cambios de humor al bajar la dosis.

Si en tu cirugía de reasignación se ha creado una neovagina, esta tendrá unas características especiales diferentes en función del tejido con el que se haya reconstruido (por lo general, con piel del pene o del escroto previamente tratada o mucosa intestinal). En ambos casos, tu flora será distinta a la de la vagina, al no disponer de lactobacilos, por lo que podrías tener leucorrea o flujos irregulares, a veces con mal olor. Desde luego, no vas a notar los síntomas típicos del síndrome genitourinario de la menopausia.

Otro problema que importa en la menopausia es el riesgo de fractura osteoporótica. Comparando entre mujeres trans y hombres cis, se ve que hay un 4,4 % más de riesgo de fractura en las mujeres trans respecto a los hombres cis. No hay datos de comparación con mujeres cis.

Varones trans y menopausia

Si eres un hombre trans (persona que ha nacido mujer y transiciona a varón), la terapia con testosterona inducirá importantes cambios en tu cuerpo, como cese de la regla, aumento del vello facial y corporal, redistribución de la grasa corporal, alargamiento del clítoris, atrofia vaginal y aumento de la libido. También se ha visto que podría producir dolor pélvico, quizá por contracciones del cuello vesical, inflamación o contracciones uterinas o distonía del suelo pélvico. En ocasiones, este dolor persiste, aunque se extraigan el útero y los ovarios.

En caso de que sigas teniendo útero, ovarios y vagina, la presencia de testosterona podría favorecer la atrofia de la vagina, lo que la hace más frágil. Así, esta se seca e irrita, igual que ocurre en la posmenopausia, por lo que puedes necesitar terapia local con estrógenos o prasterona, sobre todo si tienes sexo receptivo. Esto es lo habitual, pues la extirpación de la vagina solo la hacen un 8 % de los hombres trans y solo un 2 % de ellos se hacen un neopene.

Respecto al riesgo de osteoporosis, los hombres trans tienen menos riesgo de fractura que los hombres cis.

Cómo enfocar la menopausia en las personas trans

Si eres mujer trans y tomas hormonas feminizantes, es aconsejable que protejas tus huesos con calcio, mantengas el peso con ejercicio y controles la dieta.

Si eres hombre trans con vagina, útero y ovarios, debes hacerte controles ecográficos de los genitales internos, así como cuidar tu vagina y valorar su estado. Lo ideal es que acudas regularmente a tu médico de confianza para vigilar los cambios propios del envejecimiento, pues puede ser necesario que te ajusten las dosis hormonales y que te hagan determinadas pruebas. Si tienes glándula mamaria, aunque haya sido intervenida, debe seguir controles, pues precisa de revisiones periódicas.

En todos los casos, todas las personas trans tendrán que hacerse densitometrías óseas, así como valorar los niveles de glucosa, colesterol, triglicéridos y vitamina D. Asimismo, el despistaje de ITS se hace imperativo ante las situaciones de sexo de riesgo.

Todo lo demás se reduce a las recomendaciones habituales de revisión de salud para la población general.

Para recordar

- Las personas trans se enfrentan a la marginación de la sociedad y de la atención médica. Es necesario cambiar esa percepción y reconocer las atenciones específicas de los hombres y mujeres trans.
- La percepción de la descoordinación entre el sexo asignado y la experiencia individual puede llevar a la transición de género.
- No todas las transiciones se llevan a cabo con cirugías, por lo que debemos seguir considerando los órganos, con independencia del género.
- La terapia hormonal que siguen las mujeres trans evita que tengan los síntomas propios de las mujeres cis en la menopausia.

Las preguntas más frecuentes de mis pacientes

¿A qué especialista debo acudir si soy una persona trans?

El tratamiento y acompañamiento de las personas trans es multidisciplinar, por lo que deben seguirte un equipo de endocrinólogos, urólogos, ginecólogos e incluso cirujanos plásticos y psicólogos. Los ginecólogos atendemos a aquellas personas trans con vagina, útero y ovarios. Si eres un varón trans y no te has operado, por lo que sigues teniendo útero y ovarios, debes hacerte un seguimiento de prevención, como cualquier mujer cis. Si prefieres usar las palabras *genitales internos* en vez de *vagina*, *útero* y *ovarios*, así como *genitales externos* en lugar de *vulva*, házselo saber a los profesionales que te traten.

19

Menopausia y cáncer

La vida no siempre sale como planeamos,
pero aún podemos encontrar belleza y alegría
en los momentos más inesperados.

Tony Colette en *Miss you already*

Por supuesto, tengo que mencionar en este libro la forma en que viven otras mujeres la menopausia cuando lo importante no son los sofocos, ni el peso, ni si una está de buen o mal humor por la locura de las hormonas. Me refiero a esas mujeres que han pasado un cáncer o lo están pasando durante esta época de transición. Para ellas, lo importante es sobrevivir, superar la angustia tras el diagnóstico, conocer qué les va a pasar («¡Dios mío, qué va a ser de mí!»). Y hay una duda que asalta a muchas mujeres, pues a esa preocupación añaden la responsabilidad que asumen como eternas cuidadoras: «¿Qué será de mis hijos o de mi marido?». Para todas ellas va dedicado este capítulo.

Al hablar de cáncer y menopausia, nos referimos, por un lado, a las mujeres a las que se les diagnostica cáncer cuando se encuentran en la posmenopausia, el cual tiene mayor relación con el envejecimiento (cáncer en la menopausia). Por otro lado, nos referimos a las mujeres jóvenes que tienen la menopausia inducida por el tratamiento contra el cáncer (menopausia por cáncer). Son dos situaciones que suponen un enfoque distinto.

Afortunadamente, hoy en día, tras pasa un cáncer, no solo hablamos de supervivencia, sino también de la calidad de vida de las supervivientes del cáncer. Al respecto, una de las mayores aportaciones de la medicina es ofertarles a estas mujeres la posibilidad de ser madres. Por ello, los servicios de oncología de los principales centros hospitalarios están capacitados para ofrecer la criopreservación de ovocitos a aquellas pacientes jóvenes diagnosticadas de cáncer que van a ser sometidas a un tratamiento que podría afectar a su capacidad reproductiva. Si es tu caso, esto no te garantiza que seas madre en el futuro, pero sí que te da más oportunidades.

Más allá de la maternidad, si el tratamiento al que te someten para curarte el cáncer te ha provocado un fallo ovárico prematuro, es indispensable que inicies una terapia hormonal de reemplazo, pues es lo que mejorará tu calidad de vida, y eso no es cuestionable, salvo en el caso que esta esté desaconsejada por el tipo de tumor. Es importante que sepas que no es normal tener la menopausia antes de los cuarenta años o, en estos casos, incluso antes de los treinta años, por lo que debe tratarse con la terapia hormonal de reemplazo. Esto se hace para prevenir a largo plazo el aumento de riesgo cardiovascular, demencia, osteoporosis, sarcopenia (pérdida de masa muscular) o síndrome genitourinario de la menopausia.

Si te encuentras en el otro grupo de pacientes, es decir, ya estás en edad de tener la menopausia y te han diagnosticado un cáncer, tu función ovárica no se verá resentida, pues ya no estaba cumpliendo su función, pero sí se verá afectada tu calidad de vida. En este caso, también pueden indicarte una terapia de reemplazo o un tratamiento sintomático de los cambios.

Aparte de seguir los consejos del oncólogo y pasar por los tratamientos recomendados, mantén un estilo de vida saludable haciendo lo que te he ido repitiendo a lo largo de este libro:

- **Dieta antinflamatoria** (ya sabes, más mercado y menos procesado)
- **Ejercicio cardiovascular y de fuerza**
- **Fuera tabaco y alcohol**
- **Ocho horas de sueño**
- **Mente ocupada** con actividades que de verdad te apetezcan

Este es el tratamiento recomendado para todo el mundo con el fin de mantenerse sano toda la vida.

Los factores relacionados con el cáncer

En la etapa menopáusica, la edad es el principal factor de riesgo de cáncer. Las mujeres, por apagar velas, ya presentamos más riesgo de padecer un cáncer de cualquier tipo. En la menopausia, el más frecuente es el de mama, aunque curiosamente no es el que tiene mayor mortalidad.

Esto lo confirma Redecan (Red Española de Registros del Cáncer): los tumores más frecuentes en mujeres son el de mama, seguido por el de colon, pulmón y endometrio. Ellos nos dicen que la posibilidad que tenemos las mujeres de desarrollar un cáncer hasta los ochenta años es de un 28 % y, a partir de esa edad, asciende a un 32,2 %. Pero no olvidemos que el cáncer no es la principal causa de muerte de las mujeres. **Las mujeres nos morimos más por accidentes cardiovasculares que por cáncer de cualquier causa**, al contrario de los varones. Aunque no todo son malas noticias, pues la prevalencia del cáncer ha disminuido en los últimos años debido a las campañas de prevención, al abandono del tabaco y a mejores posibilidades diagnósticas.

Factores prevenibles relacionados con el desarrollo de cáncer

Cuando me preguntan qué podemos hacer para prevenir el cáncer, siempre respondo que mucho, porque, si bien la edad no la podemos cambiar, sí que podemos actuar sobre aquellos factores que alteran nuestros genes facilitando el desarrollo de un cáncer. Y esto que te digo está verificado por las asociaciones que estudian el cáncer en el mundo. Tampoco creo que nada de lo que te vaya a contar te suene raro, pues muchas de estas cosas ya las conocíamos. Ahora mi pregunta es: ¿por qué no mejoramos nuestra salud si sabemos cómo hacerlo? Quién sabe. Lo triste es que muchas veces tenemos que pasar por un problema serio de salud, propio o de alguien cercano, para tomar conciencia y empezar a actuar. Vayamos con la lista:

Tabaco: la principal causa de cáncer en el mundo, y lo sabes. En España, se estima que el 16 % de las mujeres son fumadoras, por lo que, si ese es tu caso, ya estás dejándolo. Por suerte, cada vez se toma más conciencia de los peligros del tabaco, pero no podemos bajar la guardia con los vapeadores y la marihuana.

Alcohol: el consumo de alcohol se relaciona con el cáncer de colon, mama e hígado y boca. No podemos decir que haya un consumo seguro de alcohol y, si encima se asocia al tabaco, aún se potencian más los riesgos. Y la cerveza tiene alcohol, no es zumo de lúpulo, que nos conocemos.

Obesidad: se considera un problema de salud mundial y se relaciona directamente con el cáncer de mama, colon y riñón. El sobrepeso ha sido el causante de 160.000 casos de cáncer en los últimos treinta años en el mundo.

Agentes infecciosos (virus y bacterias): la *Helicobacter pylori*, la bacteria del virus del papiloma humano y el virus de las hepatitis C y B son los agentes infecciosos más conocidos. Estos se relacionan con tumores, como el cáncer de estómago, cérvix, orofaringe e hígado. Conocer que hay agentes infecciosos que pueden provocar un cáncer supone un gran avance, pues con antibióticos y vacunas pueden prevenirse enfermedades tan importantes como las descritas. Aprovecho para remarcar que, si no estás vacunada contra el virus del papiloma humano (VPH) y no tienes pareja estable durante la menopausia, te plantees hacerlo para evitar el cáncer de cuello de útero.

Sedentarismo: es uno de los males de las sociedades modernas, lo que lleva a una peor alimentación y, por tanto, a la obesidad. Además, no moverse anula el cerebro. Cuando menos hacemos, menos queremos hacer (frase muy de madre).

Radiación ultravioleta: no hace falta recordarte la influencia de la exposición al sol sin fotoprotección, no solo en el envejecimiento prematuro de la piel, sino en el desarrollo de cáncer dermatológico. Algo tan simple como usar protector solar evita carcinomas de piel, cuya incidencia está aumentando.

Ya ves que no se señala en ningún momento que la terapia hormonal sea la causante de un cáncer de mama. Espero que leer esto te haga ser consciente de tu salud y que procures modificar aquello que no estás haciendo tan bien como creías para mejorar no solo tu esperanza de vida, sino la calidad de esta.

Menopausia y cáncer de mama

El cáncer de mama es el más frecuente en las mujeres, pero también hay que decir que es el que produce menos mortalidad en las mujeres. Si has pasado un cáncer de mama antes de la menopausia o durante esta, ya sabrás que la terapia hormonal está contraindicada, por lo que hay menos recursos para controlar los síntomas de esta etapa, pero hay cosas que se pueden hacer.

Para empezar, cambiar el estilo de vida. Muchas mujeres, cuando son diagnosticadas de un cáncer, toman conciencia de la importancia de cuidarse, por lo que intentan moverse, hacer ejercicio, comer saludable y estar en contacto con la naturaleza. Todo esto hace más llevadero el proceso y prepara una supervivencia de calidad. Afortunadamente, hay una gran concienciación respecto a este tumor, por lo que se puede encontrar mucha información, e incluso hay agrupaciones de mujeres que están pasando un cáncer de mama o que lo han pasado que pueden asesorarte y, sobre todo, acompañarte en los primeros momentos de este proceso, que son los más difíciles.

En el caso de tener sofocos, la opción no hormonal más usada son los inhibidores de la recaptación de la serotonina y de la noradrenalina (venlafaxina, escitalopram, etc.), aunque no debes tomarlos si te están tratando complementariamente con tamoxifeno porque reducen su eficacia. Si es preciso, puedes usar anticonvulsivantes, como la gabapentina o la pregabalina.

La cimicífuga y los extractos de polen son otra opción útil en estos casos. Si te están tratando con tamoxifeno y tienes sofocos, con el uso de la cimicífuga verás reducida su intensidad y frecuencia un 50 % y de las sudoraciones un 80 %. Hay estudios que demuestran que la cimicífuga inhibe la proliferación de células cancerígenas estrogenodependientes, y no interfiere en la acción del tamoxifeno.

Para el síndrome genitourinario de la menopausia de primera línea lo mejor es usar una hidratante vaginal a base de ácido hialurónico. Estudios indican que la dosis vaginal de estriol de 50 µg no afecta al eje hipotálamo hipofisario, por lo que se puede plantear su uso en mujeres que han padecido cáncer de mama, pero el principio de prudencia nos lleva a evitarla si no es estrictamente necesaria. El hialurónico infiltrado y el láser vaginal son opciones válidas para la sequedad vaginal y, además, son una solución más duradera y no están contraindicadas en mujeres que han pasado por un cáncer de mama.

Otros tumores

En el caso del cáncer de vagina, vulva o cérvix (no adenocarcinoma), no está contraindicada la terapia hormonal. Si hay tumor de endometrio, está contraindicada cuando es de alto riesgo y, en caso de leiomiosarcoma, lo está en caso de sarcoma del tejido endometrial.

El cáncer de ovario tampoco es un impedimento para seguir una terapia hormonal de reemplazo, salvo que sea un tumor de la granulosa, pues es hormonodependiente.

Las pacientes supervivientes de un cáncer de endometrio con síntomas incapacitantes por la menopausia pueden seguir una terapia local con estrógenos e incluso sistémica a baja dosis. En este caso, es especialmente importante cambiar el estilo de vida, dada la fuerte asociación de este tumor con el sobrepeso.

Las pacientes que han pasado por un cáncer de cérvix a las que se les ha administrado radioterapia tienen más complicaciones en la esfera genitourinaria debido a la posibilidad de que se les acorte el canal vaginal y tengan fibrosis en las paredes de la vagina. Pueden seguir una terapia hormonal de reemplazo reforzada con terapia vaginal.

La incidencia del cáncer de pulmón en mujeres ha crecido debido al aumento del tabaquismo. Cuando se diagnostica este cáncer y se sigue una terapia hormonal de reemplazo, tal vez se decida suspender. En este caso, no hay problema en seguir una terapia estrogénica local vaginal. No obstante, lo verdaderamente eficaz es dejar el tabaco.

En pacientes con antecedentes de cáncer de tiroides, colon, hígado, riñón o piel o de leucemias o linfomas, se puede seguir una terapia hormonal si es necesaria.

Para recordar

- **La menopausia se ve desde diferentes perspectivas en función de si coincide con el diagnóstico de un tumor o si el tumor lo causa el tratamiento para los síntomas de la menopausia.**
- **El tratamiento de determinados tumores puede originar un fallo ovárico prematuro, que precisa terapia hormonal de reemplazo para no empeorar la calidad de vida de estas mujeres, ya de por sí afectadas por un tumor.**

- Se puede actuar sobre los factores prevenibles del cáncer dejando de fumar, moderando el consumo de alcohol, manteniendo un peso saludable, protegiéndose del sol y llevando una vida activa. Se debe contemplar la opción de vacunarse contra el virus del papiloma humano (VPH).
- Tener un cáncer o haberlo tenido no es óbice para no tratar los síntomas de la menopausia. Muchas veces, se puede recurrir a la terapia hormonal.

Las preguntas más frecuentes de mis pacientes

¿Qué son los disruptores endocrinos y cómo me afectan en la menopausia?

Los disruptores endocrinos son sustancias que provienen de productos químicos muy abundantes en nuestro día a día que tienen una acción estrogénica débil, es decir, imitan a nuestros estrógenos, por lo que pueden interferir en el correcto funcionamiento de nuestras hormonas.

¿Por qué mi gine me ha aconsejado vacunarme contra el VPH en la menopausia?

Siempre recomendamos la vacunación contra el virus del papiloma. Además, si en la menopausia no tienes pareja estable, puede que relajes el uso del preservativo por no tener ya miedo a un embarazo no planificado. Sin embargo, no debes bajar la guardia ante las ITS y el virus del papiloma, que podría ser más agresivo a estas edades, al disponer con los años de menos inmunidad o defensas naturales.

20

Cómo vivir mi mejor menopausia: que la fuerza me acompañe

¡Oh, Jesús! Perdona las pequeñas locuras que provoca la menopausia.

Woody Allen

Querida mía, la menopausia es inevitable, por lo que lo mejor es que empieces a aceptarla. Claro que a algunas mujeres les costará mucho más si tienen síntomas terribles o su época vital no es demasiado buena, pero entendiéndola se sobrelleva mejor. Puede que a ti te haya cogido por sorpresa pensando «¿Cómo que menopausia, si solo tengo cuarenta y nueve años?». Si de jóvenes hubiéramos sabido más sobre el tema, quizá nos habríamos preparado mejor o no nos asustaría este trance. Debemos normalizar la menopausia y hablar sin miedo de ella como una etapa que, aunque tengamos que pasar por esa corriente hormonal que nos arrastra, nos llevará a una fase vital más serena y tranquila en la que nuestras prioridades serán otras.

No compares tu menopausia con la de nadie más,
pues las circunstancias personales varían.
Puede que estés con una nueva pareja disfrutando
de una etapa maravillosa de tu vida sin miedo a un embarazo.
O tal vez estés lidiando en solitario con un bebé, porque el
haber tenido un niño con un tratamiento de fertilidad
a los cuarenta y cinco años no va a frenar la menopausia,
e incluso puede hacértela un pelín más dura.
O quizá estés con tu pareja de toda la vida,
ya sin hijos en casa, planeando escapadas. O igual tienes
a tres adolescentes insoportables que no saben qué hacer
con su vida aparte de fastidiar la tuya.
Diferentes mujeres, diferentes menopausias.

No pierdas el foco de lo realmente importante: tu salud. De ella dependerá que tengas una madurez (he evitado la palabra vejez a propósito) más o menos llevadera. A nadie le gusta que le recuerden que su tiempo aquí es limitado, pero me toca a mí decirte que, si has pasado la menopausia, te quedarán como mucho treinta o cuarenta años más de vida. De joven, ese periodo de tiempo te habría parecido tremendo, pero ahora ya sabes que no es tanto y que pasará volando. Puede que aún te queden años para jubilarte, aunque a partir de ahora esto va cuesta abajo y debes afrontar los problemas, los cambios y la menopausia tal como vienen. **Esta es tu oportunidad para empezar a cuidarte.**

En esta fase vital, sentimos un batiburrillo emocional que nos lleva a hacer balance de nuestra vida, a preguntarnos cómo demonios hemos llegado hasta aquí y en qué momento hemos cumplido los cincuenta. Se nos despierta la nostalgia («Ya está mamá contando sus batallitas otra vez») y añoramos nuestra infancia y juventud; esta es la etapa del «cualquier tiempo pasado fue mejor». Recordamos amigos, familiares, situaciones que ya no volverán, pero lo idealizamos. Recordamos la época estudiantil como algo maravilloso y fantástico, pero seguro que, si la analizamos con calma, nos daremos cuenta de que en realidad fue un horror, pues aún dependíamos económicamente de nuestros padres y tener que ir a clase y pasar los exámenes nos amargaba la existencia.

De hecho, yo la recuerdo con cierta angustia. Me viene a la mente mi primer día de universidad, cuando subía la cuesta de San Francisco en dirección a la Facultad de Medicina de Santiago de Compostela. En esos momentos, estaba feliz por haber logrado mi objetivo, pero, por otro, estaba asustada pensando que iba a pasar allí seis años (entonces, esa cifra era la tercera parte de mi vida, por lo que se cumplía la relatividad del tiempo postulada por Einstein). Era otra ciudad, y no estaban ni mis amigos ni mi familia, así que pensaba que seis años serían demasiados hasta acabar la carrera, empezar a trabajar y ser independiente. Y, encima, en la primera hora de clase de mi vida como estudiante de Medicina, me dicen «Primum non nocere», traducido del latín como 'lo primero no dañar', que venía a recalcar que los médicos propiciamos enfermedades, las enfermedades iatrogénicas. Vamos, que casi me doy media vuelta.

Volvamos a la realidad y recordemos el famoso tango que pone cierto orden en las prioridades de la vida: salud, dinero y amor. Empecemos por la salud, porque aún estamos a tiempo de cuidarnos para vivir una madurez saludable. Para ello, debemos tener en cuenta varios factores; en primer lugar, veremos la sarcopenia.

¿Qué es la sarcopenia?

¡Vaya palabra más fea y qué mal suena! Pero es algo que has visto o has notado: debilidad muscular, que solemos asociar a gente mayor o enferma. Según la definición científica, la sarcopenia es la pérdida de la fuerza y el tono muscular que ocurre debido a varios factores, pero el primero de todos es el envejecimiento. También favorecen su aparición y desarrollo la falta de ejercicio y el sedentarismo, la desnutrición o enfermedades crónicas.

Su presencia indica un deterioro de la calidad de vida, pues se pierde autonomía y la capacidad de reacción ante determinados estímulos, por lo que será más fácil lesionarse.

¿Por qué en la menopausia nos volvemos blanditas?

Precisamente, la caída del nivel de estrógenos que ocurre en la menopausia acelera la pérdida de fibras musculares, ya que estas se benefician de un correcto balance hormonal. Los músculos están formados por fibras que contienen receptores para los estrógenos. Estos receptores activan unas células que se encargan de reparar el músculo si se lesiona y de aumentar su tamaño al estimularlo con ejercicio de fuerza. Además, el músculo consume mucha energía, por lo que también ayuda con el metabolismo, reduciendo la resistencia a la insulina.

En la menopausia, perdemos estrógenos, hay un estado proinflamatorio, nuestro músculo no se repara bien y no se desarrolla correctamente, y todo esto redunda en más pérdida muscular. Si baja el nivel de estrógenos, el músculo pierde su capacidad de regeneración. Para empeorar aún más las cosas, los huecos que dejan las fibras musculares se rellenan de grasa, la cual nos dará ese aspecto de blanditas. Solo tenemos que tocarnos la cara interna de los brazos y los muslos para hacernos una idea de lo que hay. Ya ves qué panorama. Nos pasamos la vida obsesionadas con el peso, cuando lo importante es estar fuertes. No sirve de nada tener un peso bajo y una proporción mala de músculo y grasa, pues esto obligará a comer menos y a estar siempre a dieta. Esto pasa porque el músculo es el principal motor metabólico, por lo que, si pesas menos por pérdida muscular, también deberás comer cada vez menos para mantenerte, pues la grasa ocupará su sitio, y ya sabes que la grasa ahorra energía, no gasta. Mal negocio, ¿no crees?

Factores que favorecen la sarcopenia

Aunque pienses lo contrario, tener sarcopenia no significa estar delgada, sino no tener masa muscular. Es decir, puedes tener sobrepeso y tener muy poco músculo, lo que hará que te cueste más perder peso.

El sedentarismo es el principal enemigo del músculo y de la salud. Hay pruebas científicas que indican que el ejercicio físico regular mejora la salud, pues controla los niveles de azúcar, reduciendo la resistencia a la insulina, favorece la oxigenación de los tejidos y disminuye el riesgo de muerte por cualquier causa. Si el ejercicio fuera una pastilla que se vendiera en las farmacias, estaría agotada, por cara que fuese.

Una mala alimentación también puede producir pérdida de masa muscular: es lo que les ocurre a las personas desnutridas. Es curioso que en los países ricos haya comida en abundancia y un déficit de nutrientes evidente, de ahí el mercado tan lucrativo de suplementos vitamínicos y alimenticios. Lo que hace falta es volver al fuego lento en la cocina, algo que se perdió hace una generación, la nuestra.

La falta de descanso es otro de los problemas de salud del primer mundo que ayudan a la pérdida de músculo. La falta de sueño incluso altera nuestra capacidad de notar hambre o saciedad, lo que nos lleva a subir de peso a expensas de consumir alimentos menos saludables.

Hay casos en que la sarcopenia se debe a enfermedades metabólicas o cancerígenas que consumen toda la energía. Estas atacan los músculos y afectan a la forma física. Todos tenemos en mente la imagen debilitada de los enfermos de cáncer.

Algunos medicamentos también causan pérdida muscular.

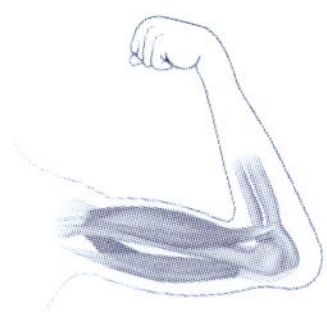

¿Qué puedo hacer yo por evitar la sarcopenia o retrasarla?

Tranquila, que no está todo perdido y hay soluciones para la sarcopenia en la menopausia:

1. Haz ejercicio cardiovascular y de fuerza: por ello no te vas a convertir en una mujer cachas, ni es la pretensión, pero siempre es deseable notar que tienes músculo y que estás más prieta.

2. Aliméntate bien, incluyendo proteínas de calidad de animales o vegetales.

3. Vigila los niveles de calcio y vitamina D.

4. Duerme entre siete y ocho horas al día: el cuerpo necesita reposo para reponer energía.

5. Sigue una terapia hormonal si es necesario, pues el reemplazo de estrógenos ayuda en este proceso. Hay estudios que demuestran que, durante la fase inicial de la menopausia, los estrógenos mejoran el rendimiento muscular.

Qué hacer por la salud en general

Tú puedes hacer mucho, pero, si no te has cuidado hasta ahora y cuidarte no era una prioridad para ti, no te obsesiones e intentes hacerlo todo en dos días. Lo mejor es analizarte para ver cuáles son tus puntos débiles de salud: ¿duermes mal?, ¿tienes sobrepeso?, ¿estás siempre enfadada?, ¿te notas hinchada? Muchos de estos problemas se deben a la falta de ejercicio y a la mala alimentación, pero lo ideal es que primero te vea tu médico y te haga una analítica para ver de dónde partes. Entonces, podrás elaborar un plan de ataque, pero con tiempo.

Fíjate pequeños objetivos o establece hábitos para ir cambiando las cosas. Es decir, si tienes sobrepeso, no pretendas adelgazar en tres meses con una dieta. Prefiero que te plantees perder peso en cinco años cambiando hábitos de vida, como renunciar a los refrescos o reducir los caprichos que te das cuando te ataca la ansiedad. Debemos alimentarnos, pero con sentido, ¡oh, sorpresa!

Respecto al ejercicio, intenta hacer actividades que te movilicen, como subir las escaleras, aunque sea solo el último piso, salir con tiempo de casa para intentar llegar a los sitios caminando, hacer una sentadilla de repente mientras preparas una tortilla..., algo que sume en tu vida y que te resulte fácil. Después, seguro que harás dos sentadillas y, más adelante, diez. Y puede que acabes en un gimnasio, pero poco a poco.

¿Y para qué todo esto?

Lo principal es mantener cierto equilibrio en el cuerpo y está demostrado que, si nos cuidamos (salvo que haya enfermedades hereditarias o problemas añadidos de salud), podemos lograr objetivos básicos de salud como los siguientes:

- Mantener una **tensión arterial más baja** de 130/80 mm Hg.
- Mantener el **colesterol por debajo de 200 mg/dl**, pero intentando que haya equilibrio entre el HDL o colesterol bueno (el que circula por el cuerpo sin problemas), que ha de ser mayor de 50 mg/dl, y el LDL o colesterol malo (el que se pega a la capa interna de los vasos y origina tapones o trombos), que ha de ser menor de 120 mg/dl.
- **Mantener los triglicéridos** (la grasa almacenada en la sangre) por debajo de 150 mg/dl.
- Mantener la **glucosa en ayunas por debajo de 120 mg/dl.**

Cómo cumplir eso

Ya lo sabes. Llevas años oyendo y leyendo que **practicar ejercicio físico y evitar el tabaco** ha demostrado mejorar los niveles en sangre de azúcar y colesterol, reducir la tensión arterial y mantenernos fuertes y menos estresadas. Y de regalo mejora muchos síntomas de la menopausia, como los sofocos. Por tanto, si eres sedentaria y fumadora y no te alimentas bien, puede que la terapia con fitoestrógenos o con hormonas no te funcione como esperabas porque hay otros factores que potencian tu malestar físico. Recuerda que muchas veces una pastillita no lo soluciona todo.

Partamos de la idea que **la menopausia no es una enfermedad**, es una etapa más, pero determinados síntomas te afectan y disminuyen tu calidad de vida. Si estás angustiada, irritable y cansada, no duermes y estás sudando todo el tiempo, no te quedarán ganas de cuidarte ni de hacer ejercicio. Solo querrás llegar a casa, tumbarte en el sofá, pedir un Glovo y ver la primera serie que encuentres en Netflix (de amor y lujo a ser posible). Si primero tratas esos síntomas, volverás a sentirte tú misma y podrás empezar a cuidarte como te mereces. Es así como la terapia hormonal de la menopausia te ayudará a romper ese círculo vicioso, por lo que debes conocer esa opción y no negarle su ventana de oportunidad.

Esto me lleva a insistir en que la terapia hormonal de la menopausia no produce cáncer si se toma la menor dosis eficaz temporalmente, por lo que ese no debe ser el motivo de que te dé miedo. Plantéaselo a tu médico y valorad juntos si es una buena opción para ti. Podrías optar por la terapia que más te convenga según tus síntomas. Pero ten en cuenta que las sociedades científicas sobre menopausia no recomiendan la terapia hormonal para rejuvenecer, así que, si algún médico te dice tal cosa, ahí no es.

Y, por supuesto, la terapia hormonal por sí sola no vale de nada si no sigues un estilo de vida saludable. La menopausia es la oportunidad para que tomes conciencia de tu salud y cuides la alimentación, evites tóxicos, como el tabaco y el alcohol, y hagas ejercicio.

Para recordar

- La menopausia es tu ventana de oportunidad para empezar a cuidarte.
- El objetivo es evitar la sarcopenia y el síndrome metabólico.
- Cada menopausia es diferente. Hay tantas como situaciones personales.
- Un estilo de vida saludable conlleva seguir una dieta equilibrada, practicar ejercicio regularmente y evitar hábitos tóxicos.

21

Entorno laboral y menopausia

She works hard for the money,
so hard for it, honey,
she works hard for the money,
so you better treat her right.

She works hard for the money, **Donna Summer**

Hasta ahora, hemos hablado de la menopausia desde un punto de vista físico, pero ¿qué ocurre en la sociedad? A ver si me explico, ¿cómo repercute la menopausia en el entorno laboral? En menudo jardín me he metido, dado que así planteado puede resultar muy simple.

Empiezo con mi razonamiento. Las mujeres que estamos ahora en la menopausia o llegando a ella pertenecemos a la primera generación que está mejor posicionada que sus padres y veíamos algo natural estudiar en la Universidad y, por supuesto, tener un trabajo remunerado para percibir esa sensación de independencia económica. Sin embargo, algunas quizá se hayan quedado por el camino debido a la vida misma, que nos arrastra, y no hayan encontrado un trabajo de lo que estudiaron, se hayan dedicado a la maternidad, hayan cedido en su profesión para potenciar la de su pareja o hayan dejado de trabajar para cuidar a los padres. ¿Te reconoces en algo de esto?

Pues un número nada despreciable de mujeres de esta generación llevamos como mínimo veinte años trabajando, hemos acudido al trabajo con dolores de regla y sangrados, solo hemos tenido dieciséis semanas de baja por maternidad y llevábamos la lactancia como podíamos, pues no estaba bien visto sacar la teta en el trabajo (eso, desgraciadamente aún persiste), pero tampoco teníamos donde usar el sacaleches. Vamos, que nos lo hemos currado muchísimo personal y socialmente, y ahora somos testigos, con sorpresa y cierta envidia, de los avances que están consiguiendo las nuevas generaciones en la adaptación del trabajo a la fisiología de la mujer: bajas por dolor de regla, consideraciones especiales en el embarazo, bajas maternales para la pareja y espacios *teta friendly*.

Las más jóvenes nos están marcando el camino, así que, por nosotras y también por las que vienen detrás, **quizá debamos empezar a hablar de menopausia en el lugar de trabajo. Somos muchas y estamos sobradamente preparadas.** ¿Me sigues? Pero, si iniciamos esta revolución, tenemos que tener en cuenta varias posibilidades, y no *micasoparticularenconcretoporqueeselquemeafecta*. La menopausia no se vive igual si eres alta directiva que reponedora, si el lugar está ventilado o si depende de un aparato de aire acondicionado que está estropeado siempre, si tienes un baño para refrescarte o si el que hay no es muy saludable, si tu supervisor es un hombre o si es una mujer, si se ridiculiza la situación de las mujeres de mediana edad o si hay más amplitud de miras, si perteneces a una etnia cultural minoritaria o si no, si tu médico está formado en menopausia o si considera que son cosas de mujeres... Como ves, hay muchas variables que controlar.

La ideología de género, la incomprensión de la sociedad y los estereotipos sobre el envejecimiento de las mujeres pueden llevarnos a ocultar nuestra realidad en el lugar de trabajo por vergüenza o miedo a que nos releguen profesionalmente. Esta es la visión social de la menopausia, pero ¿cuál es tu percepción?, ¿consideras que es una etapa más de tu vida o, por el contrario, la asocias a un envejecimiento indeseado y tu autoestima se ve afectada? Tal vez te parezca una pregunta ridícula, pero la planteo por la siguiente razón: las mujeres que consideran la menopausia una etapa más de la vida pueden hablar de ella con amigas y en su entorno laboral, por lo que afrontan mejor los síntomas; en cambio, las que se avergüenzan de la menopausia intentan disimularla aguantando los síntomas por el «¿Qué se va a decir de mí si en realidad no soy tan mayor?».

Aquí uno de los primeros problemas es el haber fijado una edad para la menopausia. Los médicos hablamos de una edad media de referencia, pero no podemos esperar a que una mujer tenga cincuenta años para que se nos encienda la bombilla y pensemos que sus síntomas son por la menopausia. Hemos de tener una amplitud de miras y, si una mujer se queja de cansancio, insomnio o sensación de mal cuerpo, a lo mejor preguntándole cómo nota sus ciclos menstruales encontramos la clave, dado que, en el periodo de transición a la menopausia, que dura de dos a diez años, ya hay cambios en la duración y regularidad del periodo. Entonces, en vez de dar ansiolíticos o hipnóticos, habría que regular la regla para mejorar los síntomas y la calidad de vida de esa mujer.

Por otro lado, tampoco podemos atribuirlo todo a la menopausia, pues en la mediana edad la mujer también experimenta cambios vitales que afectan a su estado de ánimo, capacidad de conciliar el sueño y rendimiento laboral. Tener problemas de pareja, pasar por una separación, la pérdida o enfermedad de un progenitor, problemas de salud, un nivel de ingresos bajos o carecer de independencia económica pueden mantener a alguien en un nivel de estrés no muy alto pero continuado que afecta a su salud en general. Se trata de la inflamación crónica mantenida.

¿Cuál es tu caso?

Por si fuera poco, a todo esto, hay que añadir que cada una padece los síntomas de la menopausia en distinto grado, algunos de los cuales se deben a esta etapa, pero en muchas ocasiones se confunden con los cambios físicos debidos a la edad. Por ejemplo, las tres S (sofocos, sudoraciones y sequedad) son lo más característico de la caída de estrógenos, pero también las cuatro C (cansancio, cambios de humor, cefaleas y concentración disminuida), y estas últimas también pueden deberse a la edad. Si los sofocos no te dejan dormir, acumularás cansancio, sufrirás pérdidas de memoria y tendrás dificultad para concentrarte, lo que te hará estar de un humor de perros. Pues imagínate al día siguiente tener que batallar en el trabajo con treinta niños de cinco años, atender la recepción de un hotel o pilotar un avión. Sí o sí, afecta.

A todo esto, se añade que más del 50 % de las mujeres mayores de cincuenta años desarrollan HTA, aumentan de peso y se elevan sus niveles de colesterol y diabetes. Ya ves que todo son buenas noticias. Comprobarás que la mitad de las mujeres de tu entorno padecen alguno de estos problemas de salud.

Por otro lado, hay mujeres que viven la menopausia desde un punto de vista más positivo, como una época de redescubrimiento en la que se han librado de las fluctuaciones cíclicas mensuales enfocadas a la fertilidad, una fertilidad que la mayoría ya no desea y condicionaba incluso la actividad sexual. Libres ya de la maternidad, porque la mayoría tienen los hijos crecidos (las de tratamientos de fertilidad a los cuarenta y cinco años tienen otros problemas), a lo mejor al fin pueden dedicarse plenamente a su proyección laboral. Para ellas, la menopausia solo es un punto de inflexión que las lleva a recapacitar y analizar su vida, si les gusta cómo ha ido hasta el momento o si van a empezar a hacer algo para redirigirla.

Asimismo, hoy en día en la sociedad hay un intolerable edadismo (rechazo a la gente mayor). Muchas empresas se deshacen de personal valioso y muy cualificado de mediana edad (mujeres y hombres) para reemplazarlo por gente joven superformada, pero a la que pagan menos (¡ay, amiga!, que la experiencia es un grado). Esta gente joven que se está iniciando en el mundo laboral no dispone de referentes, como teníamos nosotros cuando empezamos, gente mayor con años de experiencia de la que aprendíamos por imitación (un saludo a todos los veteranos que me transmitieron tan generosamente sus conocimientos y experiencias y que ayudaron a formar a la profesional que soy hoy).

Yo misma no creo que pudiera haber escrito este libro hace veinte años, y entonces también era una ginecóloga formada y con un doctorado. Ha sido la experiencia de haber trabajado treinta años con muchas mujeres cada día, el hecho de haber actualizado mi información cada año (o cada mes, según el tema) y, sobre todo, haber adquirido perspectiva lo que me ha permitido contrastar la ciencia aprendida con la realidad del día a día.

Pero ¿qué dice la ciencia sobre este tema?

Las empresas no reconocen la menopausia ni se recibe información o capacitación sobre ella, por lo que se desconoce su repercusión en el trabajo. Eso puede hacer que, si tienes un cargo de responsabilidad con hombres bajo tu dirección, te sientas ridiculizada ante un sofoco en plena conferencia o te desconcentres en plena reunión. O, si trabajas en atención al público, sientas un arrebato de calor que te haga sudar y ponerte roja sin causa aparente delante de un cliente. El miedo o la ansiedad que te produce tener un sofoco delante de otras personas puede ser el detonante perfecto para que suceda.

Asimismo, la falta de sueño hace que tu cerebro no se resetee correctamente y, al día siguiente, estás irritable y sin capacidad de rendir en tu trabajo. Cuando esto te pasa porque tus hijos pequeños no han dormido o porque te has ido de juerga, se entiende perfectamente, y puede que incluso lo comentes y tus colegas te echen un cable. Pero cuando no has dormido bien porque los sofocos te han despertado o has tenido que ir al baño cinco veces porque tu vejiga no aguanta como antes, te da vergüenza contarlo y lo sufres en silencio.

Para empeorar las cosas, imagina que en tu puesto de trabajo tienes que usar un uniforme que te da calor, no dispones de ventilación o se mosquean si bajas el aire acondicionado; al final tu salud acabará mermando. Eso lleva a coger bajas laborales o días de permiso, y muchas veces mintiendo sobre la causa para que no te consideren una vieja quejica. Y esto no solo lo digo yo, lo dicen los estudios científicos.

Revisando la bibliografía para realizar este capítulo, confieso que me ha sorprendido ver que, ya desde los años noventa, existen estudios sobre el impacto del medio laboral en la menopausia; por supuesto, muchos de ellos escritos por mujeres.

Te resumo las conclusiones de algunos, pero ten en cuenta que la mayoría de ellos reflejan cierto sesgo (es decir, les dan más valor a unas cosas que a otras) porque se han hecho en países del norte de Europa y con mujeres blancas con trabajos en educación, salud o administración.

High y Marcellino son dos investigadores que informaron ya en 1994 de que los síntomas de la menopausia, sobre todo la irritabilidad y los cambios en el estado de ánimo, influían negativamente en el rendimiento laboral (lo dicho antes). Por otro lado, Ilmarinen y Tuomi en 1997, allá en Finlandia, concluyeron que era necesario adaptar el lugar de trabajo a las necesidades físicas y psíquicas de los trabajadores, hombre o mujeres. Vamos, algo muy lógico y nada nuevo, pero parece mentira que veinte años después tengamos que seguir reclamando ambientes laborables más saludables.

Malinauskiene y Tamosiunas ya habían buscado en 2010 la relación entre la menopausia, las condiciones laborales y el riesgo cardiovascular, y encontraron que, cuanto menor es la autonomía laboral, mayor lo es el riesgo cardiovascular, aunque el tabaquismo, el alcohol y otros factores psicosociales también tienen mucho que ver. Padecer sofocos y sudoraciones en la menopausia se asocia a más riesgo de depresión, pero aún no se sabe por qué mecanismos se produce esta relación.

Más preocupante es el estudio de Jack hecho en el entorno laboral de mujeres australianas en 2014, que confirma que los síntomas menopáusicos, sobre todo los sofocos (¿cómo no?), afectan negativamente al rendimiento laboral de las mujeres, lo que las hace más proclives a renunciar a su trabajo. Esto es muy triste si pensamos en todas las renuncias personales que hemos tenido que hacer las mujeres a lo largo de nuestra vida laboral por no perder un puesto o cargo laboral (nos hemos perdido actuaciones del colegio, cumpleaños, viajes familiares…) para que al final sea la menopausia la que nos haga renunciar.

Como ves, resulta difícil distinguir entre síntomas de agotamiento o estrés laboral y síntomas secundarios a la menopausia.

Hasta aquí, lo tenemos claro, pero ¿qué podemos hacer nosotras individualmente para gestionar esta etapa? Primero, reconocer los síntomas y asociarlos a esta época de cambios, estemos en la fase de transición o en la menopausia. A partir de ahí, usar alguna de las estrategias que te he contado a lo largo de este libro; por ejemplo, para los sofocos, vestir por capas con ropa fresca, abrir las ventanas en el lugar de trabajo (aunque ya imagino a Manolo, de Análisis financiero, cerrándola porque él tiene frío), usar un abanico o un miniventilador, acudir al baño a refrescarse o seguir tratamientos no hormonales y, si fuera necesaria, la terapia hormonal de la menopausia.

No obstante, también **el lugar de trabajo debe adaptarse y ser *menofriendly*** concienciando a todos los trabajadores, sean hombres o mujeres, jóvenes o mayores, de la necesidad de buscar un equilibrio en la ventilación o de que no se debe ridiculizar a una mujer con sofocos o con peor humor por no haber dormido lo bastante. Las propias mujeres deben reconocer su situación y aprender estrategias, como no darle importancia al sofoco, pues desaparece tras unos segundos, u optar por tratamientos que mejoren su situación. Mejorar el ambiente laboral tiene una repercusión positiva a largo plazo en la calidad de vida de todos los empleados, sin distinción de género ni de edad, y debe orientarse a procurar lograr un envejecimiento saludable para todos en el entorno laboral.

Por otro lado, habría que valorar el impacto de la menopausia en aquellos trabajos que suelen ser masculinos, como en la Policía o el Ejército, en los que se usa uniforme y hay turnos de noche, así como en aquellos trabajos más físicos, como en la agricultura o en determinados sectores de la industria.

También influye el nivel económico: si necesitas el dinero, te aguantas por muy mal que lo pases, y eso es así, aunque resulte duro oírlo. Ya sabes que la salud depende y mucho de tu código postal, es decir, dónde vives puede reflejar tu renta. Otro factor que debe considerarse son las diferencias culturales, pues cómo se entiende la menopausia y se afronta también influye.

Por tanto, recuerda que la vivencia de **la menopausia es muy personal** y cómo te afecte en el trabajo dependerá de las características de este, de tu vida privada y de tu entorno social.

Para recordar

- **La menopausia podría suponer una disminución del rendimiento laboral.**
- **Los síntomas de la menopausia justifican el aumento de ausencias o bajas laborales de mujeres en este periodo vital.**
- **Visibilizar la menopausia y quitarle el estigma social es una buena iniciativa para que las mujeres hablen de ella abiertamente y sin complejos en su lugar de trabajo.**

Epílogo

¿Y ahora qué?

Espero, querida amiga, que llegadas a este punto hayas aceptado los cambios que comporta la menopausia y hayas aprendido a usarlos a tu favor.

A esta edad, las mujeres nos hemos liberado de la necesidad de agradar a los demás y ser atractivas. Ahora queremos gustarnos a nosotras mismas. Si quieres teñirte el pelo de azul o violeta, adelante, ya solo te debe importar tu opinión. Si quieres vestir *hippie*, con traje chaqueta, con minifalda o con caftán, genial. Quizá tus hijos pongan el grito en el cielo y digan «¡Mamá se ha vuelto loca!», y tu pareja tal vez te mire o te admire, eso ya depende de lo que tengas al lado, que a estas alturas no hay excusa para cargar con nadie, pero lo importante es que ya puedes hacer lo que quieras, y no lo que se espera de ti.

En una cosa voy a ser pesadita: cuida tu salud. Toda la información que te he transmitido a lo largo de este libro ha sido para que te conozcas, te entiendas y actúes en consecuencia. No se trata de que te conviertas en vigoréxica flexivegana intolerante al gluten y al alcohol, nada de eso. Se trata de conseguir la mejor versión de ti misma, porque **tu salud no es negociable**. Además, como líder de opinión en tu casa, todo esto que has aprendido deberías transmitírselo a tus hijas e hijos para que aprendan a cuidarse desde jóvenes y, por supuesto, a tus amigas para que ellas también sepan entenderse y cuidarse (y si les recomiendas este libro, mejor).

Aunque de jóvenes no se haga mucho caso a los padres, el poso queda, y lo sabes porque tú misma estás reconociendo la utilidad de los consejos que te daba tu madre cuando en ese momento eras tú la adolescente que contestaba con un «¡Y tú que sabrás, mamá!». No todo lo que nos decía machaconamente nuestra madre ha sido en vano, porque bien que repetimos con nuestros hijos muchos de sus mantras. «Hija, la limpieza es el primer paso para la belleza», me decía la mía, que no se maquillaba nunca, pero se limpiaba la cara todos los días, mientras yo la observaba fascinada desde la puerta del baño. «Hija, para saber mandar hay que saber hacerlo primero», decía mientras me enseñaba a ordenar la casa. «Hija, estudia y sé independiente, no dependas nunca de ningún hombre.» Seguro que tu madre o tías mayores te han ido soltando sus perlas de sabiduría a lo largo de tu infancia o juventud. En mi caso, la verdad es que algunas las he ignorado, como que con la regla no me podía lavar el pelo ni hacer mayonesa, como me decía una tía materna (en mi caso daba igual que fuera con regla o sin ella, pues no he sabido hacerla nunca). Afortunadamente, muchos de estos mitos han caído por su propio peso. Seguro que tú conoces otros tantos.

Volviendo al tema de la salud, tengo que insistir en que es nuestra obligación cuidarla porque pensamos que es una dote, una gracia que nos ha tocado y que da igual lo que hagamos porque la salud que tengamos viene de serie desde el nacimiento. Y no es así. Hay enfermedades genéticas o cierta predisposición a padecerlas, pero en la mayoría de los casos nuestra salud cambiará según la tratemos. Si fumas, te guste o no leer esto, tienes más riesgo de padecer problemas respiratorios y, sobre todo, cáncer de pulmón (y de muchos otros tipos); si te alimentas mal, tienes más riesgo de HTA, de diabetes y de inflamación crónica; si además tienes una vida sedentaria, tendrás más riesgos de todo esto y de cáncer. Así que, sí, hay cosas que dependen de una y es una pena que no lo tengamos en cuenta.

A lo largo de los años, gracias a mi profesión, he hablado con muchas mujeres cada día, todas muy distintas, y a algunas he tenido el privilegio de acompañarlas desde su primera revisión hasta la menopausia, pasando por embarazos y también desengaños. He visto muchos cambios corporales en el tiempo y cómo algunas se desfiguraban literalmente con el paso de los años. Niñas monísimas, arregladas y con pelazo que, por pasar una mala época de estrés (pérdida de empleo, oposiciones, depresión...), acababan descuidando no solo su aspecto físico, sino su salud. Otras subían mucho peso durante el embarazo confiadas en que lo bajarían tras el parto, pero se quedaron con diez kilos de más en la cintura hasta el fin de los días. A algunas, por no dormir debido a las preocupaciones familiares, les salían eccemas y se les caía el cabello. Y así muchos ejemplos más. Ya ves la importante conexión entre mente y cuerpo, en concreto con el intestino.

Tus circunstancias personales influyen mucho. Si tienes problemas con tu familia, con tu pareja o en el trabajo, pueden darse una serie de condiciones que colaboren en quitarte las ganas de cuidarte, pues tu cuerpo se pone en modo supervivencia y lo que quieres en realidad es meterte en una cuevita a hibernar para que se pase ese mal rato lo antes posible. Pero eso no va a ocurrir, y esa ansiedad o ese malquerernos nos lleva a alimentarnos mal, a preferir estar sentadas en el sofá viendo la televisión o *escroleando* por las redes en vez de estar paseando o haciendo ejercicio, dejando que el sol nos dé en la cara y respirando el aire de los bosques. Si además vives en una gran ciudad, tal vez el tiempo que lleva desplazarse para disfrutar de todo esto no te compense o, peor aún, no puedas permitírtelo.

Mínimo vital para una menopausia saludable

El objetivo debe estar claro: prolongar el tiempo en que te encuentres con tu máxima energía física, mental y social; para ello, la prevención y el autocuidado son importantes. Quizá la palabra vejez te horrorice, pero debemos dejar de luchar contra el tiempo. Todas envejecemos, aunque no todas lo hagamos de la misma manera, y ahí está la diferencia entre una vejez achacosa o una vejez activa.

Con esa finalidad, en este capítulo te recuerdo los cuidados mínimos para una menopausia y un envejecimiento saludables.

- **Consulta periódica con tu médico de cabecera:** para tener una menopausia saludable es fundamental que te tomes la tensión y conozcas tus niveles de hemoglobina, azúcar, colesterol y triglicéridos en sangre; controles tus niveles de vitamina D, vitamina B12 y ácido fólico, y compruebes que no tienes infección de orina, aunque no notes síntomas.

· **Revisión ginecológica anual:** la seguridad social no contempla la revisión anual sin enfermedad, pero se entiende que se trata de una gestión de recursos (máximo beneficio a la población con el mínimo gasto). Afortunadamente, nuestra especialidad es muy preventiva y se contempla la citología y la mamografía como parte del cribado de enfermedades tumorales muy frecuentes en la mujer cuya detección temprana supone un ahorro diagnóstico y terapéutico. Si no puedes permitirte un ginecólogo o tu centro no te deja hacerte una revisión preventiva, al menos hazte la citología cuando te corresponda y acude a las citas programadas para las mamografías, que en España se hacen en la mayoría de las comunidades autónomas entre los cincuenta y los sesenta y nueve años bianualmente. Si tienes problemas, como sequedad vaginal o pérdidas de orina, díselo a tu médico o gine, pues hay tratamientos eficaces sin necesidad de pasar por el quirófano.

· **Prevención del cáncer de colon:** otra campaña de prevención de nuestra seguridad social consiste en citar a toda persona mayor de cincuenta años para hacerse una prueba que detecta sangre en las heces, lo que haría sospechar de una enfermedad de colon. Si la prueba es positiva, se precisa de una colonoscopia, un examen más complejo que se realiza con sedación en el hospital, previa preparación del tubo digestivo. Consiste en introducir una cámara por el recto que recorre todo el colon para ver sus paredes internas con el fin de descartar un tumor o comprobar si hay divertículos, pólipos o hemorroides que justifiquen la sangre en las heces. Detectar un cáncer de colon en una colonoscopia ordinaria mejora muchísimo la supervivencia, por lo que aquí te digo lo mismo que con la mamografía: acude a tu revisión. No hagas como el avestruz evitando las pruebas de detección precoz del cáncer, pues, si por desgracia te detectan algo sospechoso precozmente, el final de la película puede cambiar mucho a tu favor.

· **Visita al dentista:** espero que ya tengas el hábito de acudir al dentista regularmente, al menos una vez al año para una limpieza de boca, pues revisar tu dentadura y valorar si tienes piezas dentales deterioradas por la caries hace mucho por tu salud. Un foco de infección en la boca puede desde producir mal aliento hasta complicar un posoperatorio. Además, una boca sana es una boca bonita y te hará sonreír más y sin vergüenza, por lo que te vendrá bien para el ánimo.

· **Revisión oftalmológica:** tener la vista bien graduada te permitirá ver mejor, conducir con más seguridad y evitar tropezones y caídas absurdas que te limiten funcionalmente. No tengas miedo a usar lentillas o gafas por coquetería. Hay modelos ideales con los que estarás mona y podrás ver qué pedir en la carta de los restaurantes en lugar de decir «Por mí, pedid lo que queráis» por no sacar las gafas. Además, el análisis del fondo de ojo diagnostica el riesgo de padecer algunas enfermedades, pues muchas de las que son sistémicas repercuten en los ojos.

· **Revisión de la audición:** debes hacerte alguna revisión con un otorrinolaringólogo para valorar tu audición. La pérdida de audición es un problema que afecta a las personas según pasan los años. Además, nuestra generación, que ha vivido pegada a bafles y auriculares, debe ser un poco más exigente en su cuidado. En la menopausia, pueden aparecer acúfenos y vértigos, molestias que hay que controlar y revisar.

· **Densitometría:** conocer el estado de tus huesos y el riesgo de fractura es importante para prevenir la osteoporosis y los riesgos asociados. Es una prueba sencilla que debes realizarte a partir de los sesenta y cinco años, o antes si tienes factores de riesgo en tu familia o en tu historial médico (uso de diuréticos, corticoides, anticoagulantes...).

Para subir nota

Si consigues llevar al día las revisiones mencionadas, estaría muy satisfecha, pues llevarías un control de tu salud exquisito. Sin embargo, las mujeres somos exigentes y queremos más cosas, y aquí entra el autocuidado personal, en el que incluiría lo siguiente:

· **Gimnasio de referencia:** seguro que cerca de tu casa hay un centro municipal o algún gimnasio en el que puedes hacer muchas actividades. Mi consejo siempre será que alternes el ejercicio de fuerza con el cardiovascular, pero vale cualquier actividad que te sea agradable de practicar: clases de bailes latinos, de zumba, de pilates, de yoga, de taichí..., todo lo que te saque de casa y haga que te muevas y que pases un rato con gente que tiene tus mismos intereses te ayudará muchísimo.

· **Peluquería de referencia:** es el lugar donde vas a que te mimen porque tú lo vales. Te dejes canas o te tiñas de azul, te quieras cortar las puntas o dejártelo cortito, cuida tu cabello, déjate mimar y preocúpate por tu aspecto. Hacerte la manicura y la pedicura regularmente es una forma de cuidar tus manos y pies, aunque, si tienes problemas, quizá necesites un podólogo para el cuidado regular de uñas y plantas de los pies. Una esteticista que te dé masajes y te haga cuidados faciales tampoco estaría nada mal.

· **Amigas de referencia:** agenda una reunión como mínimo una vez al mes con tus amigas y, de ahí en adelante, veos todo lo que podáis, pero sin parejas ni hijos. Será vuestro momento para poneros al día de las noticias y los cotilleos, de criticar a los famosos y, por qué no, a alguien conocido. Volverás con las pilas cargadas y las risas que os echéis encima os darán salud mental.

· **Parque, playa, río, alameda, jardín o espacio al aire libre de referencia:** no soy muy de abrazar árboles, pero sí de pasear al aire libre dejando que la cabeza fluya y reordene las cosas libremente. La satisfacción y el cansancio hacen que nuestro cerebro busque nuevas conexiones que a veces nos dan otro punto de vista y nos ayudan a solucionar algún problemilla que otro.

· **Club de lectura, taller de reparación de muebles, taller de fotografía, etc.:** haz aquello que te gusta y no has hecho antes por falta de tiempo. Muchas estamos esperando a jubilarnos para empezar con esas actividades que siempre nos han llamado la atención, pero que vamos dejando porque nos dejamos arrastrar por la vida. En cuanto tengas tiempo para ti, no lo dudes y haz lo que te apetece.

· **Citas con tu pareja:** que la rutina no os arrastre. Tal vez hayáis pasado mucho para llegar hasta aquí. Quizá habéis conseguido mantener vivos a cachorros de humano y encauzarlos a pesar de que hacen todo lo posible por complicarse la existencia. Sea como sea, os mereceréis arreglaros, dejar de lado los problemas y salir a cenar o compartir una cerveza a solas. Que luego eso acabe o no en algo más ya es cosa vuestra, pero al menos inténtalo. Busca el momento, prepárate, fantasea, mándale mensajes subiditos de tono. Piensa en el sexo como en intimidad, no tiene por qué haber penetración, pero sí compenetración; y no dudes en usar lubricantes y juguetes sexuales, películas o lecturas eróticas (mis favoritas) si es necesario. Y, si no tienes pareja, no cierres las puertas al amor. Ya te digo que no es imprescindible, pero nunca se sabe. De hecho, con mis pacientes he visto historias de amor preciosas en la madurez. Es lo bonito de mi profesión, que los años te aportan tal confianza con tus pacientes que incluso nace una amistad y la consulta se convierte en un confesionario, pues el secreto profesional da la seguridad para contar cosillas.

¿Qué dieta es aconsejable?

Ninguna.

Sí, has leído bien, ninguna dieta. Estoy convencida de que no valen para nada. Llevo años viendo a muchas mujeres que hacen dietas con las que suben cinco kilos, adelgazan diez, suben cuatro, bajan tres... y así en un bucle infinito. **Lo que debes hacer es cambiar estilo de vida y hábitos**. Es decir, no quieras perder peso, aprende a comer.

No creo que sea necesario que nadie te diga lo que es sano. En nuestro país, hay multitud de alimentos que se pueden tomar en temporada. Si consumes granos y cereales integrales, y todo con moderación, no habrá problema, salvo que tengas alguna intolerancia alimentaria. Ya sabes que tienes que seguir una dieta antinflamatoria, evitar procesados (esos productos que vienen en bolsa y llevan más de cinco ingredientes) y basar tu alimentación en frutas y verduras combinadas con las proteínas del pescado, las legumbres o la carne. Ya sabes que debes incluir lácteos y grasas cardiosaludables, como la del pescado, del aceite de oliva, de los frutos secos y del aguacate. Ya sabes que debes eliminar el alcohol y el tabaco. Y ya sabes que debes evitar los refrescos y que tienes que beber agua al menos cinco veces al día. Con eso, puedes componerte tus menús diarios y los de tu familia sin vivir obsesionada. No te fíes de los alimentos *diet* o bajos en azúcar o grasas, pues te llevan a consumir más. Y huye de los iluminados que quieren ayudarte a adelgazar prohibiéndote alimentos.

¿A que así es más fácil? De entrada, no suele ser preciso un nutricionista ni un endocrino si tus analíticas son normales. Lo que necesitas es tiempo para ir a la compra y cocinar, como hacían nuestras madres. Si estás atareada durante la semana, deja la comida preparada el fin de semana para evitar asaltos innecesarios a la nevera. Si no sabes qué hacer, entonces puedes recurrir a un nutricionista para que te oriente en tu camino a esta nueva versión de ti misma más cardiosaludable.

Planifica tus comidas, sobre todo las cenas, para saber exactamente qué comprar y cocinar en todo momento, sin dejar nada al azar. Y disfruta. Disfruta de una comida con amigos, una barbacoa o un cumpleaños sin miedo. Brinda y celebra. Eso no es tan frecuente y tienes el resto de la semana para equilibrar. Porque, si no disfrutas de la comida, tendrás ansiedad por ella.

Y un consejo: cuando tengas un ataque de hambre, mientras decides con qué saciarte, bebe un vaso grande de agua y comprueba si después sigues con esa ansiedad. Muchas veces, se calma con este truquito. Quizá tu cuerpo interpreta mal las señales y muchas veces lo que necesitas es agua, no comida.

La importancia del ejercicio

Si estás habituada a practicar ejercicio, seguro que sigues haciéndolo porque te da la vida. Pero, si eres como yo y el ejercicio no te atrae porque te resulta aburrido, te cansa y no te apetece sacar tiempo, te aconsejo que lo hagas sin ganas, pues es fundamental para mantenerte activa y sana. Y, para animarte aún más si cabe, he de decirte que salir a caminar no cuenta como ejercicio, es actividad física, pero a estas edades no es suficiente, aunque está bien que lo hagas, pero necesitas más, sobre todo si te propones perder algo de peso.

Por un lado, está el ejercicio cardiovascular, aquel que mueve el corazón, y nuestra generación ha crecido con la idea de «quien mueve las piernas mueve el corazón» (te suena, ¿verdad?). Sin embargo, existe la falsa creencia de que basta con dar los famosos diez mil pasos: eso es lo que debemos caminar al día para mantener un mínimo de actividad física. En la prehistoria, estábamos diseñados para movernos y reproducirnos, pues teníamos que buscar comida lejos y, para ello, teníamos que desplazarnos, algo a lo que nuestro organismo ha estado adaptado durante milenios de evolución. Pero no contábamos con los supermercados y los automóviles. Ahora, no necesitamos salir a cazar ni recolectar, por lo que tendemos a acumular grasa en el organismo. Para compensar ese desajuste evolutivo, debemos caminar sí o sí.

Para que te sirva de referencia, a veces mis pacientes me dicen que caminan mucho y que no se explican el sobrepeso, mientras que la gente que tiene la desgracia de ir en silla de ruedas no está obesa. Eso se debe a que hace otro tipo de ejercicio y cuida su alimentación. Métete esto en la cabeza y déjate de excusas que solo sirven para justificar tu pereza.

Si no eres de gimnasio, intenta hacer baile, *aquagym*, pilates o lo que quieras, pero haz algo más que caminar. Si tienes sobrepeso, esfuérzate un poco más y sigue los consejos de alimentación, pero no te abandones cuando hayas logrado lo más difícil: crear hábitos.

Por otro lado, está el ejercicio de fuerza, que es el que se hace con pesas o con el peso de nuestro propio cuerpo. Por ejemplo, los ejercicios isométricos, consistentes en repetir un ejercicio varias veces incrementando el peso. Estos se dividen por grupos musculares: los de las piernas, los glúteos, los brazos y hombros y la espalda. Siente cada ejercicio e intenta ser constante, y no valen las pesas de un kilogramo, que te estoy viendo, Mari Carmen, ¡que nuestros bolsos pesan más! Pero vete poco a poco. Si en casa te aburres, apúntate a un gimnasio en el que haya actividades dirigidas. No vale de nada quedarte en la cinta andadora durante una hora, pues te aburrirás un montón y no lograrás tu objetivo.

Baila, canta, abraza, besa, brinda, viaja, lee, discute, mantente abierta a cualquier cosa. No dejes de formarte y aprender, no está todo el pescado vendido y quizá haya cosas en las que te apetezca profundizar, como la biografía de Winston Churchill, el funcionamiento de tu cuerpo o la historia de la Santa Compaña. Tener la mente activa protege contra la demencia y la depresión, los males de esta sociedad tan disruptiva.

No pretendo que lo hagas todo de una sentada. Ve introduciendo pequeños cambios cada día por objetivos. Por ejemplo, una semana, proponte no probar un refresco hasta el domingo en el aperitivo, o programa las cenas desde el domingo hasta el sábado siguiente, o decide salir a caminar tres días por semana, aunque sea solo veinte minutos. Estos pequeños pasos harán que llegues a tu objetivo final: sentirte sana y bien contigo misma.

El hecho de que se te pase por la cabeza algo de esto ya es importante. Si es así, te felicito porque has dado el primer paso para mejorar tu vida y sacar tu mejor versión.

Para recordar

- La salud es una responsabilidad propia y cada mujer ha de sacar a la luz su mejor versión.
- Es necesario hacerse revisiones periódicas con el gine, el oftalmólogo, el otorrino y todo aquel especialista que precises según las circunstancias.
- Hay que repetir periódicamente analíticas, densitometrías, mamografías y citologías, aunque el resultado haya salido normal.
- Pequeños cambios diarios llevan a grandes logros a largo plazo. No hace falta solucionarlo todo en poco tiempo.
- Una puede equivocarse y fallar. No pasa nada si un día no se va al gimnasio o si no tomas una comida saludable. Las mujeres no somos perfectas ni queremos serlo (¡por Dios, qué horror!).

Las preguntas más frecuentes de mis pacientes

¿Por qué se insiste tanto en que las mujeres nos cuidemos más en la menopausia?

Porque es la oportunidad de adquirir conciencia de la salud y, si no lo has hecho hasta ahora, es el momento de que empieces a cuidarte para mantener un estado de salud que disminuya la probabilidad de perder capacidades cognitivas, de tener riesgo cardiovascular, de tener fracturas óseas y, por tanto, de padecer un envejecimiento dependiente. No se trata de sumar años, sino calidad de vida.

¿Qué controles es necesario que me haga en la menopausia?

Sobre todo, es importante que te hagas controles regulares que incluyan una historia clínica adecuada, la toma de tensión arterial y una analítica para valorar tus niveles de glucosa, colesterol, triglicéridos, hierro y vitamina D, así como una densitometría para conocer el estado de tus huesos y el riesgo de fractura. Pero lo más importante es que te hagas las mamografías y las citologías cuando corresponda.

¿Qué suplementos debo tomar en la menopausia?

De entrada, solo se debe tratar lo que está en déficit. Por ejemplo, hierro, si hay anemia, y vitamina B12 y ácido fólico, si su nivel es deficitario, aunque lo ideal sería adquirirlos por una dieta equilibrada. La vitamina C está muy de moda porque se usa como antioxidante para evitar el envejecimiento, pero incluir los cítricos en la dieta nos proporcionará el gramo diario necesario de esta vitamina. No obstante, la vitamina D es necesaria para muchas funciones, así que sería la única que recomendaría suplementar, pues es difícil mantener solo con la dieta y la exposición solar los niveles recomendados durante la menopausia.

Anexo

Recursos para vivir mi menopausia

Asociación Española para el Estudio de la Menopausia

www.aeem.es

En esta página encontrarás información científica con evidencia. La AEEM es una sociedad científica de reconocido prestigio formada por especialistas de la salud preocupados por la mujer en esta época de la vida. No solo está integrada por ginecólogos, sino también por reumatólogos, matronas, fisioterapeutas, nutricionistas...

Fundación del corazón

https://fundaciondelcorazon.com/prevencion/calculadoras-nutricion/riesgo-cardiovascular.html

Tiene una calculadora para, en función de unos datos en los que están nuestros niveles de colesterol, nos dice el riesgo que tenemos de una enfermedad cardiovascular

Escala Cervantes

https://aeem.es/calculadora-escala-cervantes-de-calidad-de-vida/

Esta escala valida tus síntomas para conocer tu calidad de vida en menopausia. Puedes contestar a diversas preguntas sobre cómo te sientes en esta época de tu vida y cómo percibes tu salud.

Te dará un resultado numérico que valora tu calidad de vida. Si decides actuar y usar algún tratamiento, pasados tres meses puedes repetirla para ver si efectivamente te está sirviendo de ayuda. Simplemente rellenas tus datos y puedes responder a un cuestionario que analizará diferentes esferas como síntomas de la menopausia y qué impacto tienen en tu estado físico, en tu vida sexual, en tu estado psíquico y en tu relación de pareja. Finalmente te otorgará una puntuación que determinará tu calidad de vida. Si esta fuera mala, podemos decidir optar por diferentes tratamientos que ya debes consultar con tu médico.

Mimenopausia

https://appmobile.aeem.es/mimenopausia

En esta página web, puedes comprobar tu estado de salud según la escala Cervantes. Es igual que la aplicación, pero para la que no quiera hacerlo en el móvil. En la *app* rellenas tus datos y respondes a un cuestionario que analiza diferentes esferas, como síntomas de la menopausia, sexualidad, estado psíquico y relación de pareja. Finalmente, te otorga una puntuación que determina tu calidad de vida. Si esta es mala, consulta con tu médico para decidir qué tratamiento seguir.

Pódcast

Estamos en la era del pódcast. Se dice que hay más pódcast que personas, y seguro que ya tienes varios en tu lista. Aquí te recomiendo tres que sigo, que quizá ya conozcas, muy recomendables para aprender sobre nosotras. Escúchalos mientras haces ejercicio o vas caminando al trabajo (guiño, guiño, codazo, codazo).

· **El Pódcast de Cristina Mitre:** consejos de salud y belleza para todos. Te sorprendería lo que puedes aprender cada semana con esta mujer y sus entrevistados.

· **De Piel a Cabeza:** las hermanas Molina, Ana y Rosa, una dermatóloga y la otra psiquiatra. Un diálogo divertido que aclara muchas dudas de belleza y salud mental.

· **Sin Reglas:** un pódcast sobre salud sexual femenina con Xusa Sanz y Laura Cámara, dos enfermeras, una especialista en nutrición y otra matrona especialista en sexología, que nos hablan sobre el cuerpo sin pelos en la lengua.

Agradecimientos

Gracias a todas las mujeres que han confiado en mí en estos treinta años. Con muchas, he crecido como profesional y es de agradecer que me entregaran su confianza cuando era una pipiola con muchas ganas y motivación, pero con muy poca experiencia. Vosotras sabéis que a veces existe conexión con un profesional y eso es magia. Os he conocido adolescentes, os he tratado los partos y ahora recorremos juntas la senda de la perimenopausia y la menopausia. Me he dedicado a formarme gracias a vosotras, que me estimulabais con vuestras preguntas, porque os lo sabéis todo. He acudido a másteres, cursos, congresos y simposios con la finalidad de estar a vuestra altura, de poder daros soluciones a todo lo que me planteabais, porque la ginecología es algo más que el cáncer de mama o de cérvix; la ginecología también es el dolor en las relaciones o el miedo a parir, evitar un embarazo o ayudar a ello, calmar la ansiedad, tratar un sofoco y, sobre todo, escuchar. Me he divertido un montón con vuestras interpretaciones y me he enfadado mucho (no con vosotras, sino con algunas situaciones) cuando otros más inexpertos os retiraban o desaconsejaban tratamientos con pruebas científicas que os estaban yendo bien por miedo o, peor aún, por ignorancia.

Lo que nos hemos reído contándonos anécdotas o explicando la utilidad de un vibrador, comentando la última tontuna ginecológica vista por redes o debatiendo si era cierto que tal tratamiento para el sobrepeso funcionaba..., y así durante años. He pasado una rabia infinita cuando caíais en los bulos de iluminados que, a cambio de no pocas monedas, os prometían el elixir de la juventud, cuando yo me cansaba de deciros que eso no funciona, sino que la solución está en cuidarse y salir de la zona de confort. El bótox, el hialurónico, la labioplastia, la vitamina C, el magnesio, el colágeno, la melatonina, el extracto de levadura de arroz rojo..., ¡cuántas cosas hacíais y tomabais sin receta para sentiros jóvenes y mejores! Y qué decir de esos médicos que os pedían analíticas de hormonas para deciros que estabais menopáusicas a los cincuenta y ocho años tras cinco años sin reglas..., ¿en serio?

Queridas amigas, vuestros comentarios, críticas, aportaciones, juicios..., todo ello ha sido fundamental a la hora de encaminar este libro, que os quiero dedicar con todo el cariño para que entendáis lo que pasa en vuestro cuerpo, pero sin culpa, para que sepáis cómo cuidaros y no digáis que no os he avisado.

Esta época es una locura. Vivimos una etapa de nuestra vida que nos lleva a tomar la decisión de parar y analizar qué estamos haciendo con ella. Esta revolución hormonal que nos invade afecta a nuestro curso del pensamiento y estructuras. En este momento, nos cuestionamos nuestras ideas y posición ante la vida. Hay un desajuste entre nuestros sentimientos, pensamientos y deseos. Debemos aceptar estos cambios e intentar buscar la mejor actualización de nuestro sistema, eso es, como si fuésemos un ordenador. Podemos estar un poco bloqueadas mientras se descarga la nueva aplicación, pero tras ella vamos a ser una versión mejorada. Al principio, puede que el cambio nos cueste, pues llevábamos mucho tiempo con nuestra antigua versión y ya teníamos pillada la rutina. Ahora, quizá pasemos un tiempo de adaptación mosqueadas, pero después veremos que todo fluirá mejor. Seremos capaces de analizar nuestra vida y decidir qué queremos.

Bienvenidas a la mejor
de vuestras menopausias.

Bibliografía

AEEM, *Guía clínica de la AEEM Incontinencia urinaria en la menopausia*, AEEM, 2009.

Anstey, E. H., *et al.*, «Breastfeeding and breast cancer risk reduction: Implications for black mothers», *American Journal of Preventive Medicine*, 53, 3S1, (2017), pp. S40-S46.

Ayers, B., *et al.*, «Effectiveness of group and self-help cognitive behavior therapy in reducing problematic menopausal hot flushes and night sweats (MENOS 2): a randomized controlled trial», *Menopause*, 19 (2012), pp. 749-759.

Baker, F. C., *et al.*, «Sleep and sleep disorders in the menopausal transition», *Sleep Medicine Clinics*, 13, 3 (2018), pp. 443-456.

Bansal, R., y N. Aggarwal, «Menopausal hot flashes: a concise review», *Journal of Midlife Health*, 10, 1 (2019), pp. 6-13.

Baquedano, L., *et al.*, «Population-based survey on menopausal symptoms and treatment use», *Climacteric*, 26, 1 (2023), pp. 47-54.

Baquedano, L., *et al.*, «COMEM Study Spanish Investigators#. What do Spanish women know about menopause?», *Journal of Obstetrics and Gynaecology*, 42, 5 (2022), pp. 1448-1454.

Baquedano, L., *et al.*, *Síndrome genitourinario de la menopausia, Menoguía*, AAEE, 2020.

Basson, R., «Women's sexual desire-disordered or misunderstood?», *Journal of Sex an Marital Therapy*, 28, 1 (2002), pp. 17-28.

Basson, R., *et al.*, «Definitions of woman sexual dysfunction reconsidered: advocating expansion and revision», *Journal of Psychosomatic Obstetrics and Gynecology*, 24 (2003), pp. 221-229.

Biglia, N., *et al.*, «Hormone replacement therapy in cancer survivors», *Maturitas*, 48, 4 (2004), pp. 333-346.

Bimonte-Nelson, H. A., V. E. Bernaud y S. V. Koebele, «Menopause, hormone therapy and cognition: maximizing translation from preclinical research», *Climacteric*, 24, 4 (2021), pp. 373-381.

Bø, K., *et al.*, «Are hypopressive and other exercise programs effective for the treatment of pelvic organ prolapse?», *International Urogynecology Journal*, 34, 1 (2023), pp. 43-52.

Cardona, F., *et al.*, «Osteonecrosis de los maxilares por bisfosfonatos: Actualización y puesta al día», *Anales del Sistema Sanitario de Navarra*, 32, 3 (2009), pp. 423-437.

Casado, M., y L. Pérez, «Manifestaciones cutáneas de la menopausia», *Piel*, 17 (2002), pp. 165-169.

Castelo-Branco, C., *et al.*, «Review & meta-analysis: isopropanolic black cohosh extract iCR for menopausal symptoms: an update on the evidence», *Climacteric*, 24, 2 (2021), pp. 109-119.

Chen, M. N., C. C. Lin y C. F. Liu, «Efficacy of phytoestrogens for menopausal symptoms: a meta-analysis and systematic review», *Climacteric*, 18, 2 (2015), pp. 260-269.

Cheung, A. S., B. J. Nolan y S. Zwickl, «Transgender health and the impact of aging and menopause», *Climacteric*, 26, 3 (2023), pp. 256-262.

Chlebowski, R. T., *et al.*, «Women's Health Initiative. Dietary modification and breast cancer mortality: long-term follow-up of the Women's Health Initiative randomized trial», *Journal of Clinical Oncology*, 38, 13 (2020), pp. 1419-1428.

Cho, S. T., y K. H. Kim, «Pelvic floor muscle exercise and training for coping with urinary incontinence», *Journal of Exercise Rehabilitation*, 17, 6 (2021), pp. 379-387.

Colon, P. J., y D. Greene, «Biotin interference with clinical immunoassays, minireview», *Journal of Applied Laboratory Medicine*, 2 (2018), pp. 941-951.

Comino, R., *et al.*, *Menopausia y obesidad. Menoguía AEEM*, Karma et Col, Barcelona, 2022.

Cornelisse, V. J., *et al.*, «The medical care of the neovagina of transgender women: a review», *Sex Health*, 14, 5 (2017), pp. 442-450.

Coronado, P. J., «AEEM group for the development of the Cervantes-SF scale. Predictive and criterion validity of the Cervantes-SF menopause quality of life questionnaire», *Menopause*, 28, 8 (2021), pp. 935-942.

Edwards, D., y N. Panay, «Treating vulvovaginal atrophy/genitourinary syndrome of menopause: ¿how important is vaginal lubricant and moisturizer composition?», *Climacteric*, 19, 2 (2016), pp. 151-161.

Einstein, M. H., N. F. Levine y N. S. Nevadunsky, «Menopause and cancers», *Endocrinology and Metabolism Clinics of North America*, 44, 3 (2015), pp. 603-617.

El Khoudary, S. R., *et al.*, «The menopause transition and women's health at midlife: A progress report, from the Study of Women's Health Across the Nation (SWAN)», *Menopause*, 26, 10 (2019), p. 1213.

Eshtiaghi, P., y L. A. Sadownik, «Fact or Fiction? Adipose-derived stem cells and platelet-rich plasma for the treatment of vulvar lichen sclerosus», *Journal of Lower Genital Tract Disease*, 23, 1 (2019), pp. 65-70.

Fernández-Martínez, P., *et al.*, «Efectos tiroideos del tratamiento con biotina», *Revista de Neurología*, 68, 9 (2019), pp. 399-400.

Geraci, A., *et al.*, «Sarcopenia and menopause: the role of estradiol», *Frontiers in Endocrinology*, 19, 12 (2021), pp. 682012.

Goldstein, S. R., y M. A. Lumsden, «Abnormal uterine bleeding in perimenopause», *Climacteric*, 20, 5 (2017), pp. 414-420.

Grandi, G., *et al.*, «Contraception during perimenopause: practical guidance», *International Journal of Women's Health*, 15, 14 (2022), pp. 913-929.

Greendale, G. A., *et al.*, «Changes in body composition and weight during the menopause transition», *JCI Insight*, 4, 5 (2019), p. e124865.

High, R. V., y P. A. Marcellino, «Menopausal women and the work environment», *Social Behavior and Personality*, 22 (1994), pp. 347-354.

Ilmarinen, J., K. Tuomi y M. Klockars, «Changes in the work ability of active employees over an 11-year period», *Scandinavian Journal of Work, Environment & Health*, 23, 1 (1997), pp. 49-57.

Irwin, M. R., y M. V. Vitiello, «Implications of sleep disturbance and inflammation for Alzheimer's disease dementia», *Lancet Neurology*, 18, 3 (2019), pp. 296-306.

Ishizuka, B., «Current understanding of the etiology, symptomatology, and treatment options in premature ovarian insufficiency (POI)», *Frontiers in Endocrinology*, 25, 12 (2021), p. 626924.

Jack, G., *et al.*, *Women, work and the menopause: releasing the potential of older professional women*, La Trobe University, Melbourne, 2014.

Joseph, A., *et al.*, «Gender identity and the management of the transgender patient: a guide for non-specialists», *Journal of the Royal Society of Medicine*, 110, 4 (2017), pp. 144-152.

Kamp, E., *et al.*, «Menopause, skin and common dermatoses. Part 1: hair disorders», *Clinical and Experimental Dermatology*, 47, 12 (2022), pp. 2110-2116.

Kaplan, H. S., «Hypoactive sexual desire», *Journal of Sex and Marital Therapy*, 3, 1 (1977), pp. 3-9.

Kenda, M., *et al.*, «On behalf of the oemonom. herbal products used in menopause and for gynecological disorders», *Molecules*, 26, 24 (2021), p. 7421.

Khafaga, A., y S. R. Goldstein, «Abnormal uterine bleeding», *Obstetrics and Gynecology Clinics of North America*, 46, 4 (2019), pp. 595-605.

Khosla, S., y L. C. Hofbauer, «Osteoporosis treatment: recent developments and ongoing challenges», *Lancet Diabetes & Endocrinology*, 5, 11 (2017), pp. 898-907.

Krakowsky, Y., *et al.*, «The effect of gender-affirming medical care on the vaginal and neovaginal microbiomes of transgender and gender-diverse people», *Frontiers in Cellular and Infection Microbiology*, 21, 11 (2022), p. 769950.

Lang, K., *et al.*, «Artificial Intelligence-supported screen reading versus standard double reading in the Mammography Screening with Artificial Intelligence triale (MASAI): a clinical safety analysis of a randomised controlled, non-inferiority, single-blinded, screening accuracy study», *Lancet Oncology*, 24, 8 (2023), pp. 936-944.

Malinauskiene, V., y A. Tamosiunas, «Menopause and myocardial infarction risk among employed women in relation to work and family psychosocial factors in Lithuania», *Maturitas*, 66 (2010), pp. 94-98.

Mann, E., *et al.*, «Cognitive behavioural treatment for women who have menopausal symptoms after breast cancer treatment (MENOS 1): a randomised controlled trial», *Lancet*, 13 (2012), pp. 309-318.

Manson, J. E., *et al.* (WHI investigators), «Menopausal hormone therapy and long-term all-cause and cause-specific mortality: the Women's Health Initiative randomized trials», *JAMA*, 318, 10 (2017), pp. 927-938.

Manson, J. E., *et al.*, «The Women's Health Initiative trials of menopausal hormone therapy: lessons learned», *Menopause*, 27, 8 (2020), pp. 918-928.

Mantovani, M., A. Gennai y P. R. Russo, «A new approach to regenerative medicine in gynecology», *International Journal of Gynecology & Obstetrics*, 157, 3 (2022), pp. 536-543.

Martelli, M., *et al.*, «Influence of work on andropause and menopause: a systematic review», *International Journal of Environmental Research and Public Health*, 18, 19 (2021), p. 10074.

Masters, W. H., y V. E. Johnson, *Respuesta sexual humana*, Inter-Medica, Buenos Aires, 1966.

Mayhew, A. C., A. Cohen y V. Gómez-Lobo, «Transgender Men and the Gynecologist», *Clinical Obstetrics and Gynecology*, 63, 3 (2020), pp. 588-598.

Mendoza, N., *et al.*, *El ejercicio físico en la mujer durante la perimenopausia y la posmenopausia. MenoGuía AEEM*, Aureagràfic, Barcelona, 2016.

Menown, S. J., y J. A. Tello, «Neurokinin 3 receptor antagonists compared with serotonin norepinephrine reuptake inhibitors for non-hormonal treatment of menopausal hot flushes: a systematic qualitative review», *Advances in Theraphy*, 38 (2021), pp. 5025-5045.

Mohamed, S., y M. S. Hunter, «Transgender women's experiences and beliefs about hormone therapy through and beyond mid-age: An exploratory UK study», *International Journal of Transgender Health*, 20, 1 (2018), pp. 98-107.

Neuhouser, M. L., *et al.*, «Overweight, obesity, and postmenopausal invasive breast cancer risk: a secondary analysis of the Women's Health Initiative randomized clinical trials», *JAMA*, 1, 5 (2015), pp. 611-621.

O'Dowd, M. J., y E. E. Phillip, *The history of obstetrics and gynaecology*, Parthenon Publishing Group, Londres, 1994.

Palacios, S., «Prevalence and impact on quality of life of vasomotor symptoms», *Menopause*, 28, 8 (2021), pp. 850-851.

Pelosi, M., *The history of cosmetic vaginal surgery: part I*, < https://www.iscgmedia.com/iscg-blog/the-history-of-cosmetic-vaginal-surgery-part-i>.

Phillips, N. A., y G. A. Bachmann, «The genitourinary syndrome of menopause», *Menopause*, 28, 5 (2021), pp. 579-588.

Proserpio, P., *et al.*, «Insomnia and menopause: a narrative review on mechanisms and treatments», *Climacteric*, 23, 6 (2020), pp. 539-549.

Rossouw, J. E., *et al.*, «Writing group for the Women's Health Initiative investigators. Risks and benefits of estrogen plus progestin in healthy postmenopausal women: Principal results from the Women's Health Initiative randomized controlled trial», *JAMA*, 288 (2002), pp. 321-333.

Scavello, I. *et al.*, «Sexual health in menopause», *Medicina* (Kaunas), 55, 9 (2019), p. 559.

Sheng, Y., *et al.*, «Mechanisms of pelvic floor muscle training for managing urinary incontinence in women: a scoping review», *BMC Womens Health*, 22, 1 (2022), p. 161.

Soares, C. N., «Depression and menopause: an update on current knowledge and clinical management for this critical window», *Medical Clinics of North America*, 103, 4 (2019), pp. 651-667.

Stanczyk, F. Z., H. Matharu y S. A. Winer, «Bioidentical hormones», *Climacteric*, 24, 1 (2021), pp. 38-45.

Stevenson, M. O., y V. Tangpricha, «Osteoporosis and bone health in transgender persons», *Endocrinology and Metabolism Clinics of North America*, 48, 2 (2019), pp. 421-427.

Stuenkel, C. A., y A. Gompel, «Primary ovarian insufficiency», *New England Journal of Medicine*, 388, 2 (2023), pp. 154-163.

Szabo, R. A., J. L. Marino y M. Hickey, «Managing menopausal symptoms after cancer», *Climacteric*, 22, 6 (2019), pp. 572-578.

Troìa, L., *et al.*, «Management of perimenopause disorders: hormonal treatment», *Gynecologycal Endocrinology*, 37, 3 (2021), pp. 195-200.

Tuomi, K., *et al.*, «Aging, work, life-style and work ability among Finnish municipal workers in 1981-1992», *Scandinavian Journal of Work, Environment & Health*, 23, 1 (1997), pp. 58-65.

Utian, W. H., «Overview on menopause», *American Journal of Obstetrics and Gynecology*, vol. 156 (1987), pp. 1280-1283

Verdonk, P., E. Bendien e Y. Appelman, «Menopause and work: A narrative literature review about menopause, work and health», *Work*, 72, 2 (2022), pp. 483-496.

Vigneswaran, K., y H. Hamoda, «Hormone replacement therapy: current recommendations», *Best Practice & Research Clinical Obstetrics & Gynaecology*, 81 (2022), pp. 8-21.

Wańczyk-Baszak, J., *et al.*, «Genitourinary syndrome of menopause treatment using lasers and temperature-controlled radiofrequency», *Przeglad Menopauzalny*, 17, 4 (2018), pp. 180-184.

Weinberger, J. M., *et al.*, «Female sexual dysfunction and the placebo effect: a meta-analysis», *Obstetrics & Gynecology*, 132, 2 (2018), pp. 453-458.

Wilson, R. A., *Feminine forever*, Lippincott & Co., Philadelphia, 1996.

Zhang, L., *et al.*, «Menopausal symptoms and associated social and environmental factors in midlife Chinese women», *Clinical Interventions in Aging*, 16, 15 (2020), pp. 2195-2208.

Ziel, H. K., y W. D. Finkle, «Increased risk on endometrial carcinoma among users of conjugated estrogens», *New England Journal of Medicine*, 293 (1975), pp. 1167-1170.